RICHARD WAGNER
GOLD

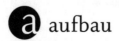

RICHARD WAGNER

GOLD

GEDICHTE

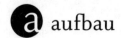

ISBN 978-3-351-03676-8

Aufbau ist eine Marke der Aufbau Verlag GmbH & Co. KG

1. Auflage 2017
© Aufbau Verlag GmbH & Co. KG, Berlin 2017
Einbandgestaltung zero-media.net, München
unter Verwendung eines Bildes von FinePic®, München
Druck und Binden CPI books GmbH, Leck, Germany
Printed in Germany

www.aufbau-verlag.de

I. 1972–1983

Der Fischbesprecher

ich spreche mich durch die wände des fischs
jedes wort bricht eine wand
seit -zigtausend jahren bin ich wandbrecher
den fisch hab ich noch nicht geöffnet
ich behaupte:
die anzahl meiner worte ist um eins
größer als die anzahl der vorhandenen wände
also werde ich den fisch öffnen
ein wort werde ich noch besitzen

dann werde ich mich
versprechen

gerücht

die bücher aus den bibliotheken heißt es
hinterlassen bei ihren morgendlichen spaziergängen
dichte staubwolken in den straßen

das soll die passanten zeitweise so verwirren
dass sie in die falschen busse einsteigen
an den falschen haltestellen aussteigen
und plötzlich zur falschen zeit
am falschen ort
die falsche person
sind

der ausgebombte see

für herta

die fetten masken sagst du die unsre gespräche kreuzen
dass man wenn man von menschen redet immer von
ideen redet u. wenn man von ideen redet fast nie
von menschen redet jeder fehlerlose satz sollte
mißtrauen erwecken lärmende harlekins auf den
straßen ich wehre mich gegen diese präzisen metaphern
wir befinden uns jetzt hart am rand der wörter
erinnerung an ein liebesgedicht von enzensberger
die sich nicht mehr in worte fassen läßt mit wörtern
über andere wörter berichten zu müssen bestimmte
wörter
gesten formulierungen stimmen traurig noch immer
häufen
wir vorstellungen an sagst du weil wir meinen mal
was damit anfangen zu können u. wir wehren uns
u. wir finden es lächerlich aber wir wehren uns
riesengroße
blumensträuße ein mann sitzt auf einem riesengroßen
blumenstrauß und rasiert sich den markplatz aus dem
gesicht farben brechen die konturen der wörter ein
gerade noch faßbar ränder der wortaugen der
wortnase des wortmundes des wortgesichts die augen
müßte man mit den augen malen die nase mit der nase
den mund mit dem mund so schwierig ist es
mit den einzelheiten geworden

Versicherung

neuerdings hab ichs mit der angst zu tun
der tod könnte mich unvorbereitet antreffen
und ich würde was falsch machen
wenn er plötzlich vor mir stünde

deshalb übe ich abend für abend
verhaltensweisen

heute ist übung 142 dran
ich mach es schon ganz gut
bald werd ich ein buch
darüber schreiben

Waldvogelgeschichte

eines morgens als der kuckuck
aus seiner uhr hervorkam
rief er nicht wie gewöhnlich
um diese zeit
siebenmal

diesmal blieb er stumm
und es war ganz unheimlich
wie er so dastand
und gar nicht mehr zurückwollte

Baugelände

kranlärm hämmert meine
sommerbilder nieder
ich hab mal zottige wolken
beschrieben
die landschaft schweißt am
gerüst meiner vorstellungen
ich schau den bauleuten zu
komm ins gespräch mit ihnen
wir schreien uns fragen entgegen
lärm ebbt ab
zieht sich in die sonne zurück
mittagspause:personengruppe
               helme abgenommen
               eine zigarette lang
abseits verstauben bäume
ansichtskarten:
wenn der himmel fallen sollte
würden wir ihm auf den rücken
springen

die geisterbahn

den kleinbürgern

vergebliche einblicke in den alltag keine aussicht
geschichtslos
sie kennen die preise der erkenntnisse rechnen sie
vom lohn ab
das geistige abenteuer wird von der höhe des
eintrittsgeldes bestimmt
sie lassen sich auf nichts ein sie sind nicht in
bewegung
sie sind in keiner bewegung sie sitzen auf dem
angestammten platz
auf dem altenteil der geschichte nutzloses gewicht
an dem die
großen bewegungen schleppen gewicht das die
köpfe runterzieht
beugt den flug der gedanken bremst so sitzen sie
gewichtig
auf ihren kirchenbänken fahren träge durch die
nacht der
geschichte schlafen den schlaf der ungerechten
schrecken auf
bei jeder erschütterung fahren zusammen an den
historischen
wenden schlagen die augen auf klammern sich an
ihren sitz
jammern bei jeder veränderung hören mit
schrecken das
wort revolution sehen sofort die felle
davonschwimmen sehen
keine prozesse nur resultate geifern hängen sich mit
ihrem

gewicht an die großen bewegungen der geschichte spielen die
schweigende mehrheit bremsen die fahrt schnüren den atem
der schwebenden gedanken ab unterdrücken den leisesten furz
triumphieren schnallen die sicherheitsgurte an fallen in den
abgrund des schlafs zucken zusammen reden im schlaf springen
auf ringen um atem werden den alb nicht los vom dr. marx
aus trier der ihnen regelmäßig in die därme des hirns spuckt
sehen rot klammern sich ans vergebliche machen die stühle
zu ihren anführern klopfen auf holz

die invasion der uhren

da rückten uns die uhren auf den leib
wem schlug da noch die stunde
der frühling war unter kontrolle gebracht
bye kosmische zeiten

die zyklen wurden von der wand gekratzt
eine souveräne linie tat sich uns auf
sie verschüttete uns die schönen gründe
kein werden mehr kein vergehn

wir tappten in der unansehnlich
gewordenen natur herum
trafen auf neutralisation und indifferenz
die gegenstände nach denen wir faßten
glichen plötzlich einer dem anderen
wir suchten stießen auf nichts vertrautes
alles war homogen und leer

die leere einmal in die köpfe gestampft
trugen wir die zeit zu markte
schoben den blauen montag beiseite
die münze unter der zunge
machte uns die stunden knapp

wir prägten ihnen zahl und wappen auf
disziplin schlich sich in die groben köpfe
maschinen fingen an auf uns jagd zu machen
auf planloser flucht

verharrten wir in synchronisation
die fließbandzeit traf uns unvorbereitet

auf schillernden wolken schwamm
uns das bewußtsein davon

seither fällt die zeit dauernd über uns her
das bringt uns nicht mehr aus der fassung
wir hängen uns da irgendwo ein
und schwimmen einfach mit
wir hängen uns immerfort an derselben stelle ein
und treiben mit in diesem aus
repetitiven momenten sich zusammensetzenden
kontinuum das wir manchmal
beim atemholen oder während einer
zigarettenpause
das leben nennen

Heller Mittag

Der Müllwagen hievt die Tonne hoch. Langsam
fällt in sich zusammen, was von uns blieb, in diesen
Tagen. Die Kinder schießen den Ball hoch in die
Luft. So, vom Fenster aus, ists wie eine Erinnerung.
Die Hausfrau drüben wischt die Scheiben
blank. Kein Luftzug, kein Vorhang, der sich
bewegt. Man kommt und geht und wischt
und lebt und alles fällt langsam
in sich zusammen.

anfrage des dichters oder kleine unstimmigkeiten beim ausdenken der ars poetica

den wohlstandsbeflissenen

ich weiß ihr habt euch schrebergärten
in den köpfen eingerichtet
und euer bewußtsein schleppt ihr mehrmals täglich
von der küche ins schlafzimmer und wieder zurück
aus euren worten aber spricht die sattheit
und eure weiber gehn immer zärtlicher um
mit dem luxus der meinungslosigkeit
mit zäher ausdauer schleppt ihr die schwäne
der familienfeste zwischen die vier wände
eurer bunker schneidet die torte der anekdoten
in gleichmäßige teile schlitzt den wörtern
den bauch auf trinkt das blut aus den
leitungen der gewohnheit und die geduldigen zellen
regenerieren sich ununterbrochen und die zirkulation des
stumpfsinns verläuft einwandfrei ihr eckt nicht an
an den tischen an denen ihr sitzt die haut des tischtuchs
auf das ihr starrt weist keine einschußlöcher auf
alles einwandfrei jeder abend eine weiße weste
jedes auge trägt einen schirm vor sich her
und jeder blick ist mit der fußspitze vertraut
die straßen rollen behutsam unter euch weg
ihr suhlt euch in der wiege der zeit der kohl
aus euren schrebergärten stopft euch den mund

was aber sollen wir anfangen mit euch
die wir die schlote der worte hochziehen
die spitzen hochhäuser der literatur
die wir in den kränen der poesie hocken
und aufbauen die tribünen des sozialismus
stück für stück

zwei junge leute schleppen einen elektroherd

zwei junge leute schleppen einen elektroherd
    schleppen sich die wohnung voll
        schleppen sich die wohnung
voller anschlüsse
    kontakte
        stromrechnungen
            schleppen sich eine
eheproblematik an
        schleppen sich ein möbel an
            stellen die wohnung
        voller möbel
schleppen gefühle an
    stellen die wohnung voller gefühle
            gehn nicht mehr durch die
zimmer   weichen aus
        schleppen sich ein baby an
            schleppen sich hoffnungen an
schmeißen sie zu den gefühlen
    schaffen sich einen fernseher an
schleppen gefühle und hoffnungen in die bilder
    in die fernsehbilder
    sagen sich was
    wie wird man vom schauen
        vom allabendlichen schauen
        schleppen den kinderwagen an
führ'n das baby spazieren
gehn sich aus dem weg
  haben zu viele geschichten gemacht in die wohnung
    gestellt
    sind die wege verbaut
  falln über die eignen beine

          die die beine des andern sind
schlagen sich auf den mund
          der der mund des andern ist
              bis es dann doch heraus ist
                schluß jetzt
          das kind muß weg
              wer gibt's her

kleine rede vom ersten schnee

dummes gefühl
   wenn der fallende schnee
      sich sofort in dreck verwandelt
         ungutes gefühl
   wenn einem dauernd alles
vermasselt wird
   das ist ein tag
      an dem man alles
zögernd tut
   »in allem tun ein zögern«
      abklingendes schreibmaschinengewehrfeuer
         schüsse in filmstraßenszenen
   gestellte bilder einer vergewaltigung
      in einer illustrierten
         ausscheren aus diesem
     keinroterfadentag
        wie ausscheren
beim schreiben   andre bilder finden
   das bilderausbessrenzeitengefühl
wortschlangen erfinden
   gedichte wie papierschlangen
       rausspringen aus dem mechanismus des tages
         aber wie
ganz bleiben
   schnee schmutziger schnee
      verschmutzte gedankenränder
         die leute hüpfen in ihren klischees herum
   plastikwörter wie »erster schnee«
        »schneeballschlacht«
         bügelfreie wörter
die leute hüpfen auf einem holzbein herum

sie erzählen sich eine holzfällergeschichte
von der königin der affären
eine gottverdammte illustriertengeschichte
auf die in filmen geschossen wird
dreck der sich überall bildet
dreck der sich mitbildet
ohne den's gar nicht
mehr   geht
reden   wovon reden
die angstmacher tätigen ihre einkäufe
das bild von abklingendem
schreibmaschinengewehrfeuer
mit geschlossnen
augen
geht einer raus
wirft mit schnee mit dreck um sich
blöder nebliger
himmel
grau
was läßt sich in gedanken zurückverwandeln
dreckiger fadenloser
tag
was läßt sich rückgängig machen von dir
schmierigefahrbahn
angstmachender
»poète maudit«
wie geht's
immer noch unter den schneebällen
immer noch im knietiefimdreck
und immer noch nicht fort
vom brunnenrandausdemwolkendorf
abgesoffnes schreibmaschinengewehr
wohin treibst du

brief an einen unter uns lebenden dichter

gestern blätterten wir wieder in deinen kunstvollen reimen
versenk sie doch im titicacasee
die sind so ungemein einschläfernd
so konstruktiv einschläfernd
die ändern das leben der fische

nirgends eine grobheit
        nicht mal ein sprachfehler
lauter rundbogen
        gräßlich
           die vorstellung
zu gehn ohne jemals zu stolpern
dass man auf nichts aufmerksam wird
    darauf wurden wir aufmerksam
           beim lesen
wir blätterten deine bücher durch
   u. es erschreckte uns
        dass sie so ungemein
langweilig sind
    was sollten die leute von dir lernen
   wir versuchten uns vorzustellen
      wie du lebst
wenn du lebst wie du schreibst
      mein lieber
         aber
wenn du nicht so lebst
      wie du schreibst
           ich dachte
das nicht zu ende
nervös saßen wir
     in den sesseln

                        tranken scharfes zeug
dachten das eine
so
    geht
            das
                    nicht
                            mehr

kleine anfrage ausgehend
von einem lichtenbergschen satz

schimpft nicht auf unsere metaphern
        bräuchten wir sie nicht
                wär's besser
        oder bräuchten wir dann
              andere
                    u. es wäre noch schlimmer
  als besser
      bedenkend
           was ihr für besser
haltet

dialektik

wir haben die verhältnisse erkannt
wir haben beschlossen sie zu verändern

wir haben sie verändert

dann kamen andere
die haben die veränderten verhältnisse
erkannt und haben beschlossen
sie zu verändern

sie haben die veränderten verhältnisse
verändert

dann kamen andere
die haben die veränderten veränderten
verhältnisse erkannt und haben
beschlossen sie zu verändern

sie haben die veränderten veränderten
verhältnisse verändert

dann kamen andere

Die Unterredung

Warum, sagt der Mann
und wischt den Kohlweißling vom
Kragen. Warum machen wir uns
diese Schwierigkeiten.

Hörn Sie auf mich, sagt der Mann und wischt am
Kragen. Lassen Sie dieses Schreiben, sagt er schon im
Stehn und schlägt die Akte zu.

Weiß weht mir
ein Flügel
ins Gesicht.

zueinanderfinden

sie hatten mich ihren weg gehen gelehrt
sie hatten mich ihr lächeln lächeln gelehrt
sie hatten mich ihr lob loben gelehrt
sie hatten mich ihre liebe lieben gelehrt
sie hatten mich ihre gedanken denken gelehrt
sie hatten mich ihr haus besitzen gelehrt
& sie hatten mich soweit
dass ich dich ihren weg gehen lehren wollte
dass ich dich ihr lächeln lächeln lehren wollte
dass ich dich ihr lob loben lehren wollte
dass ich dich ihre liebe lieben lehren wollte
dass ich dich ihre gedanken denken lehren wollte
dass ich dich ihr haus besitzen lehren wollte
soweit hatten sie mich

& sie hatten dich soweit
dass du mich ihren weg gehen lehren wolltest
dass du mich ihr lächeln lächeln lehren wolltest
dass du mich ihr lob loben lehren wolltest
dass du mich ihre liebe lieben lehren wolltest
dass du mich ihre gedanken denken lehren wolltest
dass du mich ihr haus besitzen lehren wolltest

soweit hatten sie uns
liebste

standpunkt

wir lassen uns nicht beirren

das vertrauen in die gegenwart
hält uns auf den gerüsten

wenn andere zu schielen beginnen
schreiben wir uns auf die brust

hier ist alles in ordnung

unsere bauten wachsen langsam
aber sie wachsen uns nicht über den kopf

wir sagen
jeder irrtum hat bewußtseinserweiterung
zur folge

auf den gerüsten hält uns
das was wir bauen

Ferienfoto

Mit Freunden saß ich
am Tisch. Zog ein Bild aus
der Lade. Drauf war ein
Kahn. Der faulte. Drin saß eine
Leiche. Die stieß das Ruder
ins Wasser.

Vierzeiler

Sachte sachte schließen wir
Sachte Liebling Tür um Tür
Machen Liebe im Klavier
Alle alle bleiben hier.

Ihr Frauen

Die Männer liegen auf der Krim,
die Söhne in der Marosch. Irr wurden
die Töchter. Sie sitzen in den dunklen
Zimmern und wiegen die Söhne im Sarg.
Dürre Tanten rennen übern Hof, gottvergessne
Hausdrachen, Überlebende dreier Männer.
Ihr Frauen, zahnlos, im Nacken den Zopf, Putzfrauen
in den fliehenden Büros, hört:
Das Leben läuft laut atmend neben euch her.
Ihr seid da hineingefallen wie in eine Schere.
Jetzt kommt ihr niemandem in die Quere.

Gedicht vom Schädel

Das Hirn rührt sich.
Und schwebt.
Und stößt.
An die Wand.

Festgemacht.
Bin ich.
In meinen Gedanken.

Schnitt

Die Schere der Stadt
öffnet und
schließt
den Raum
für das Wort,
das dir
die Sprache verschlägt.

Die Leute sagen

Die Leute sagen,
was sie gelernt haben,
zu sagen. Es redet jemand mit dir.
Immer redet jemand mit dir. Du hörst zu,
wie mans dir beigebracht hat.
Toll, sagen sie.

Sommerbild

Leichtfüßig gingen wir
auf dem Wasser. Wie auf einem
brennenden Teppich. Jeder Schritt wusch
die Fußsohle. So gingen wir. Und hatten schon
keine Füße mehr. Und gingen doch noch. Und
die Wunden fraßen sich still
in uns hinein. Jetzt sind sie uns
im Kopf.

Blei

Irres Oktoberlicht. Sonne aus Blei.
Im Blei geh ich auf und ab. Im Beton.
Schreibe. Was schreib ich denn.
Meine Zunge ist aus Blei.

Oktober und dieses Licht. Ich halte den Blei
stift. Ritze Zeichen ins Papier. Das Papier
macht ein Geräusch. Das Geräusch geht durchs Haus.
Wer hörts. Meine Hand ist aus Blei.

Oktober ists. Ich geh ins Licht. Die Wörter
sind matt. Das Land ist zu. Hier ein Papier
und da noch eins. Eine Luke geht auf und
Leute falln raus. In wärmere Länder.

In weitere Länder aus Blei. Oktoberirres Licht. Ich
schau meine Augen an. Ich horch an meinen Ohren.
Ich halte still. Ich ritze das Papier.
Ein Geräusch geht durchs Haus. Ein Geräusch

geht durchs Blei. Durch Mark und Bein geht
ein Geräusch. Durchs Hirn. Durch die Wörter.
Durch die Leute. Durchs Land. Ein Geräusch
geht durch den Oktober. Wer hörts.

Schlaflos

Mit irrenden Augen
lieg ich. Als läge ich
eine Spanne unter der Welt.

Nichts rührt sich an mir.
Nur diese stummen Augen.
Gehen mir im Kopf herum.

Gehen mir durch den Kopf.

Sperrstunde. Siebziger Jahre

Auf den Tischen stehn die Stühle
Ich bin mit meinen Gedichten allein
Der Staat läßt mir meine Gefühle
Und hier dieses letzte Glas Wein

II. 1984–1987

Mittag

Rostregen kommt Regenmund murmelt
rebennah Wunden in den Trauben
im Wein du trinkst
die Male irren dir
durch den stummen Kopf Rebennah lebst du
und niemand weiß einen Rat
Niemand außer dem Rost
Der kommt von der Sonne

Lichthof

Schwimmende Finsternis.

Handlung.
Geboren, gestorben.

Schimmerndes Wort.

Papierwarenhandlung.
Schrift.

Deutliche Schrift
auf dem Wasser.

Atmendes Licht.
Lüge.

Nacht, Leporello.
Schwingende Sprache.
In wessen Namen lügst du?

Fahler Augenblick.
Gesicht.

Dem Liedermacher

Singst leise. Singst
leise vom Grauen der Welt.
Singst von dem, was
das Grauen zusammenhält.

Singst leise. Wir hören
den Schrei. In den
Zeitungen ists still.
Sie zählen bis drei.

Sie zählen und zielen
und halten inne. Auf uns
zählen sie, zielen sie.
Wir sitzen in der Rinne.

Wir sitzen in der Traufe. Wir
reden. Wir reden. Doch leise.
Die Augen stehn zu weit offen.
Der Staat ließ uns eine Schneise.

Sing leise. Ein Flüstern ist
um uns herum. Red mit. Red doch
mit. Sing leise. Sing für
uns dreißigjährige Greise.

Kieferklemme

Ich gehe der Mühle entgegen
Auf meinen stillen Vater zu
Der geht auf grasbewachsnen We
gen Den Fuß in einem Kinderschuh

Die Mühle ist weggeschwommen
Zwei Kriege schon ist es her
Den Vater haben sie nachher ge
nommen Bald weiß auch das keiner mehr

Seeanemone

Seeanemone, ungewusste,
schau mich an, Aktinie du,
aus tiefem Augenmaß, Nessel,
schau her, Blüte, du Tier.

Ich sehe
und sehe nicht,
ich vergehe und sehe
und vergehe, vergehe nicht,
Seeanemone.

Lachendes Paar

Jetzt sind die Sätze zwischen uns
so kurz. Als könnten sie jeden Augenblick
zerreißen.

Und dann hörte ich mich sagen,
es gibt also noch glückliche Menschen.
Denn ich sah gerade ein lachendes Paar
auf eine Haustür zugehen.

Unsere Küsse, flüchtig,
als begleiteten sie etwas.

Das Unausgesprochene wächst.
Niemand weiß, was es ist.

Das Flugzeug

Über dem Platz, hoch droben,
über den Hochhäusern, dort,
glitt sanft ein Flugzeug
durch die rotierenden Wolken.
Von hier unten konnte man
die ruhigen Positionslichter sehn,
und es wirkte so nah in seiner Stille,
dass ich sofort überzeugt war,
es ist niemand drin.
Es ist leer, dachte ich entzückt,
und es ist schön.
Ich erschrak.

Gedicht
(für dich und auch für mich)

Wir, ja, wir, mit den selbsterzogenen Gefühlen,
gehn hin, redend, ins Nichts. Und da,
ja, da ist die Macht. Und wir können nicht
bleiben. In schwarztastenden Sätzen gehn wir
der Erde, diesem taubfremden Refugium, zu.
Da ist dein Mund, lippenlos, Liebling, da
ist deine Angst, keine Angst, merkst dus?
Ein Kieferknochen, Annäherung ans Gesicht.
                                    Tatsächlich,
da gehn wir ja. Ins Nichts, du. Und die Macht, sie
schaut zu, und sie klirrt mit den Waffen, mit den
Gläsern, den Sektgläsern, Sarkophage wie Toaste, Tote
gegens Gewissen. Da. Da fault sie im Rausch, merkst dus?
Da. Da sind wir. Da, wo wir aufhören, grün. Sei still.
Es wächst über uns, der Löwenzahn.

Momentaufnahme

Du blickst wie auf ein
geschlossenes Fenster. Der Satz ist zu Ende,
und du weißt, nie wieder kommt ein Wort hinzu.

Die Stille, wenn es dunkel ist

Die Stille, wenn es dunkel ist, ist anders als
die Stille, wenn es hell ist.
Die Stille, wenn es dunkel ist, macht unruhig.
Die Stille, wenn es hell ist, schmerzt.
Der Schmerz ist eine Uhr, die brennt.
Wie heißes Wasser, vormittags, in der Küche,
auf der Haut.

Friedhof

Als ob dich alles anschaute, so still ists.
Wieviel Uhr es ist?
Die Kastanien brüllen. Platzen und fallen und liegen.
Ja, liegen im Laub. Den Kopf in den Bäumen.

Über das Geheimnis meines Zimmers

Mein Zimmer hat in der Mitte ein Loch.
Ein kleines kreisrundes Loch.
Wie zwischen den Augen im Kopf.
Alle gehn darüber.
Alle gehn über das Loch
in der Mitte meines Zimmers.
Und das Loch in der Mitte meines Zimmers
tritt ihnen unauffällig in den
redenden Kopf.

Akazie

Akazie, morsch, das
Wasser runter. Im Hof rauscht Laub.
Der Hund bellt. Das Auge rennt zum Tor.

Die Maßnahmen gehn um. Sie kommen zu
den Leuten. Öffnen die Speicher. Die
Maßnahmen nehmen. Auch der

Milizmann ist nur ein Mensch. Wenn es
diese Anzeige nicht gäbe. Er geht
durch den Hof. Sag es uns lieber

gleich, wir haben
unsre Methoden. Schau, ein helles Blatt
auf der flachen Hand, trocken.

Soll ich mir die Hand anzünden, Akazie.
Meine Zunge ist aus Holz. Damit rede ich.
Damit sag ich was. Aufs Blatt.

Der Tag ist hell

Der Tag ist hell, wie das Weiße
in den Augen. Irgendwo in der Menge
ist einer, der dich sieht.

Männer, die wie aus einem Auto
aussteigen. Deine Angst ist plötzlich die
Angst deines Vaters im Jahr 1951.

Noch ein Jahr wärs bis zu deiner Geburt.
Irgendwo ist einer in der Menge.
Du gehst auf ihn zu. Du weißt es nicht.

Du wächst auf ihn zu. Von deiner falschen Seite.
Du erfährst es viel später. Sie wissen es.
Sie haben deinen Vater. Sie haben sich selbst.

In der Kartei. Sie sagen, pass bloß auf. In
diesem Augenblick musst du lachen. Du musst
schallend lachen. Oder ihre Zeit ist vorbei.

Denn sie kommt gerade. Du gehst darauf zu.

Ich schaue meinen Körper an

Ich schaue meinen Körper an.
Diesen Körper aus Schlaf.
Der einmal wach werden wird.
Der einmal reden wird.
Dieser Körper.
Der mich stumm machen wird.
Mit ausgestreckter Hand.
Männer brauchen Liebe.
(Radio Luxemburg.)
Und nun wiederholen wir
das Wichtigste in Schlagzeilen.

In den ländlichen Zonen

In den ländlichen Zonen
des Herzens stürzen
die geduldlosen Wörter
schweigen sich aus
der Hand der Zeit.

Zwischenbericht

Die Erde dröhnt, wir
sagen, es ist der Asphalt.

Ein Geräusch naht,
dreh den Ton leiser.

Wir halten das Ohr
an die Wand. Was ist das, Nähe.

Die Finger gleiten wie über eine Naht.
Wer ist wer.

Über dem Tag kreist ein Ei,
das wir für die Sonne halten.

Die Zeit des Zimmers

Allein,
im Jahrzehnt.
Zwischen den Rednern.

Als wäre ich ganz.
So gehe ich die lange vor mir
abgezählten Schritte,
wie in einem Zimmer.

Als ließe sich die Tür
von innen öffnen.
Ich lebe mir nach.

Zwischen den Rednern,
die mich gelassen zitieren,
habe ich den Beifall
der Wände.

Es ist

Es ist, als wären die Leute aus Holz
und als rede aus ihnen der fröhliche Holzwurm.
Es ist, als stöhne der Baum
unter der Last des Schranks.
Es ist, als ständen die Füße aus den Socken heraus,
dünn, und weiß, und durchsichtig.
Es ist, als schweige die Uhr,
und als sterbe der Sänger,
während er singt,
im Radio.

Ach so

Wer ist dein Vater. Wer ist dir
lieber. Wo sind deine Gedanken.
Wer hat deine Meinung. Was
magst du zum Tee.

Wer kommt dich besuchen. Wo
bleibst du. Wer hat was vom Leben.
Wo habt ihr denn die Butter her. Wen
kennst du. Wen meinst

du. Was macht dir zu schaffen. Ich
kann was besorgen. Die Haut wird
uns retten. Schlimmer solls nicht
werden. Ich liebe dich so.

Das ist der Baum

Das ist der Baum, der Hände hat.
Das ist der Baum, der nach dir greift.
Das ist der Baum, der oberhalb des Hauses ist.
Das ist der Baum, der unterhalb des Hauses ist.
Das ist der Baum, unter den du dich setzen kannst und
    singen.
Du Faschist.
Das ist der Baum, der Luftschutz gewährt.
Das ist der Bunkerbaum.
Seine Blätter sind hart und schneiden ins Fleisch.
Das ist der Baum zum Anfassen.
Das ist der Baum mit der grünen Haut.
Dein Arm steckt wie ein Messer im Stamm.
Er zittert.
Und weil du nicht weißt, ob der Baum sich oberhalb
    oder unterhalb des Hauses befindet,
fängst du an zu singen.
Deine Stimme lässt dich ruhig schlafen.

Es gibt Tage wie Schlamm

Es gibt Tage wie Schlamm.
Du kennst sie.
Ein Kaugummi klebt unterm Stuhl, und du weißt nicht,
wem er gehört.
Übern Küchentisch rennt eine Kakerlake um ihr
Leben.
Du zerdrückst sie und wäschst dir die Hände mit
kaltem Wasser.
Am Spiegel ist Schimmel.
Du siehst dein unrasiertes Gesicht.
Eigentlich könnten sie jetzt kommen.
Du wirfst eine Zeitschrift weg und zerreißt
Beschriebenes in kleine
Stückchen, die du auf mehrere Mülltonnen verteilst.
Es gibt Tage, an denen du dich wunderst, dass sie nicht
kommen.
Du siehst sie in den Wagen mit den zwei Antennen.
Die Sonne scheint so, dass die Mädchen unwillkürlich
auflachen.
Du siehst den Mann, der im Lokal Zeitung liest.
Und du denkst, das sind sie.
Du schaust weg und machst etwas mit den Händen.
Du sitzt lange am Tisch und sagst nichts.
Es ist ja auch niemand da.
Die Türglocke läutet sehr laut.
Wie nur der Postbote läutet.
Er ist es aber nicht.
Du merkst, es war im Fernsehen.
In Pasadena oder Irkutsk.
Sie kommen, sagst du.
Irgendwann kommen sie.

Und sie sind so höflich, dass ihre Höflichkeit nichts als
 Ironie ist.
Und wenn sie kommen, kennen sie die Gedichte,
die du im Freundeskreis gelesen hast.
Sie nennen deine Freundinnen beim Vornamen, und sie
haben die Gesten von alten Bekannten. Sie, Schatten
der Jugend schon,
kommen auf den ausgebrochenen Zähnen der
 Gedanken
und schimmern weiß in den Gedichten, die du schreibst.

Curriculum

Nicht erschlagen, fertiggemacht.
Belogen, bis ich selber log.
Nicht nackt, nur mir selber entzogen.
Nicht mit Steinen beworfen, nicht mit Worten.
Bloß mit Schweigen traktiert.
Nicht verhungert, aber der Kopf eine Höhle.
Davongekommen, überlebt, das auch, ja.

III. 1988–1999

Fragment über den stillen Morgen

Der Morgen hat Handgriffe, in die
die Gedanken abstürzen. Der stille
Morgen beginnt den Tag mit
einem eiligen Blick
auf mich. Ich
schaffe mir Mehrheiten
für meine Gefühle.

Die kommenden Bilder

Lange Gänge, offene Türen.
Ein Tag, an dem es regnet.
Einschlafen, wachwerden.
Die Zeitung wie eine stille Erzählung lesen.
Laufen, und es ist im Traum.
Schweigen, wachliegen.
Die Augen stehn offen.
Du kannst sie sehn.
Das Wort »Erschrecken« denken
und liegenbleiben können.
Ganz ruhig stellen sich die Wörter ein.
Und decken nichts auf.
Und decken nichts zu.

Der vergebliche Rand

Der vergebliche Rand steht
dir aus den Wörtern entgegen.
Es ist der vergebliche Rand
der Gefühle.
Du lehnst dich weit über
den vergeblichen Rand der Gefühle
hinaus, wie
in einem ganz gewöhnlichen Leben.
Was du siehst, ist wie
im Kino, ist
wie ein vergeblicher Abstand
zu dir.

Fünf Minuten

Schaufenster, Gesichter, die
keinem gehören. Stimmen, leere Spiegel.
Die auf mich einreden. Glas.

Landhühner

Zuweilen komme ich noch vor.
Es erreichen mich Botschaften, nachts.
Ich bewege mich in abgeschlossenen Handlungen.
Deren Ausgang ist klar, aber es kommt nicht dazu.
Ich bin der Hauptheld,
der dies alles erleidet.
Ich habe seinen unruhigen Schlaf,
seine wilden Gefühle, ja.
Ich werde wach und halte ein Glas in der Hand.
Ich sage: Ich habe noch echte Landhühner gesehn.
Das Glas ist aus Glas.
Der Glanz ist in den Augen.
Wem gehören sie.

Aus dem Stadtbild

Die Schmetterlinge der Tagträumer begegnen
den Faltern der Nachtschwärmer nie. Das
ist die Wahrheit in der Geschichte,
die uns unverhofft leblos macht.

Es ist Nacht

Es ist Nacht.
Die Lichter stehn in den Augen.
Es ist Nacht in der Stadt.
Die Schmetterlinge sitzen auf den schwebenden Bussen.
Das Herz ruft nach Reklame.
Das Lächeln der Dame ist schönes Design.
Es ist Nacht in der großen Stadt.
Du nimmst die Frau bei der Hand.
Du flüsterst wie im Leben.
Ein Wort ums andere trifft daneben.

Die Worte der Toten

Die Worte der Toten
sind in den Worten der Lebenden
tot.
Alles Gesagte stirbt
noch einmal
in der Wiederholung.
Du wiederholst
deinen Kuss
von gestern Abend.
Du siehst
mein Lächeln an,
als wäre es ein Gesicht.
Wir kommen
von so weit her,
dass wir
eigentlich
schon tot
sein müssten.
Doch wir leben,
wir versichern es uns
mit den Worten der Lebenden.
Nur das Paar ist tot.
Das Paar,
das wir waren,
ist in den Worten
der Lebenden tot.
Sag es
noch einmal.
Die Liebe
vergeht
in der Wiederholung.

Wiederhole
deinen Kuss
von gestern abend.
Von so weit her
kommen wir.

Mit rechten Dingen

Noch rauschen die Wälder in uns.
Wer kein Gefühl hat,
lässt sich eines machen.

Ich starre mich an.
Ich bin ganz ruhig.
Ich starre mich an.

Traumsache

Stimmen fressen
Glühwürmchen.
Meine Hand,
meine nachwachsende Hand
greift nach mir.
Wie aus wenigen Strichen
bin ich
und bin es doch.
Licht schnuppert
an mir.
Tageslicht.

In dieser Stadt

In dieser Stadt der
grünen Platanen wächst
das Fremde
mir zu, wie
ein heiteres Wort: Ich bin,
wo ich nicht sein kann.

Das Mädchen mit dem schwarzen Hut

Das Mädchen mit dem schwarzen Hut
bewegt sich wie im Film. Das Mädchen
bewegt sich zwischen lauten Wörtern, die
du schon mal gehört hast. Das
Lebensgefühl trifft auf sich selbst. Das
Mädchen bewegt sich und schrumpft. Es hat
gerade noch ein Gesicht unterm Hut. Ein
kleines, blasses Gesicht, das es
so liebenswert macht. Das Mädchen ist
eine aufregende Frau. Ach,
so siehst du das, sagst du. Die
Wörter haben einen schwarzen Hut.

Kein Sommer

Ein halbes Jahr,
das uns durch den Kopf rast.
Ein halbes Jahr
im Spiegel der Akten und Vorgänge.
Umfangreiche Ermittlungen,
kein Gesicht.
Wir leben so nah am Verbrechen,
und das Verbrechen ist Geschichte,
aber wir leben zu nah an der Geschichte.
Vorgänge, kein Sommer.
Nur Straßen mit Namen und Häusern.
Die schweigende Architektur.
Das Nichts, das uns durch den Kopf rast.
Die nichtigen Wörter, die jedesmal leuchten.
Die jedesmal leuchten.

Am See

Mit schwachen Worten
fasse ich
nach der Frau
neben mir,
eine falsche Vorsicht
lässt mich
diesen Tag
verlieren.

Falsch angefangen

Wie eine Glocke,
und nichts mehr. Falsch angefangen.
Wir sind bemüht, falsch anzufangen.
Wos lang geht, ein und aus.
Schau mir in die Augen. Oder auch nicht.
Wie eine Glocke hängen die Sätze
über den Gefühlen.
Ein Döner Kebab macht alles wieder gut.
Für einen Augenblick, den du rasch vergisst.
Was bleibt denn, das Angesagte vergeht.
Der Tag dehnt sich wie ein langer Samstag.
Die Lichter.
Die Sprüche.
Die unpopuläre Stille.
Die Angst des Dichters
nicht zeitgemäß zu fühlen.
Er, der sich bewegt,
als werde er ständig gefilmt.
Du wirst ständig gefilmt,
der Film ist schwarz.
Glaubs einfach nicht,
die Stadt lügt.

Raus

Ausländer raus Aussiedler raus Ami go home
Blind wählen Schwarz vor den Augen Hände weg
    Finger weg
Polnische Wirtschaft Hände weg von Korea Finger
    weg von Vietnam
Lustmolch Krakauer Kameruner Negerküsse Affengeil
Augen auf Pfoten weg Ab ins Konzertlager
Plattmachen Wichsvorlage Ohrwurm Spaghetti-
    Western
Schwanz ab Raus aus den Knästen Frauen raus
Männer raus Du Fotze Türken raus
Raus mit der Sprache Bulle du bist einsam
Schwarzer Block Null Bock Reps raus Kids raus
Schlank ist out Russen raus Deutschland
den Krauts Nazis raus

Maß

Das Radio, das den ganzen Tag geht.
Die alten Schlager, die sich in mein Leben einmischen.
Die Wohnung, die meine Geräusche schluckt.
Der mausgraue Tag.
Dann, das Rascheln einer Zeitung.
Das Ticken der Schreibmaschine wie eine
    unregelmäßige Uhr.
Mit Wörtern messen und ruhig bleiben.
Selbst mit Wörtern messen und doch ruhig bleiben.

Ganz privates Gedicht

Mit einem dieser Gedichte
Habe ich zwanzig Mark verdient,
brutto.
Ich ging also essen.
Eine Pizza.
Und keiner von denen,
die mich sahen,
ahnte mein Geheimnis.

Geteilte Zeit

Die geteilte Zeit der Stadt
geht zu Ende.
Du, der Flaneur
der vermauerten Boulevards,
hast immer noch
zweierlei Wörter
im Sinn.
Schon kippen
die Gefühle
ins Vermischte zurück.
Was kommt zuerst.
Was kommt zuletzt.
Vorsichtig fügst du
deinen Kopf wieder
zusammen.
Du wirst ganz
wie die Stadt.
Du,
der rasende Flaneur.

Orte, jetzt

Wo es dunkel ist
und das Dunkel nah. Wo die Nähe
dunkel ist und warm. Wo die Stadt
still steht. Wo die stille Stadt steht. Wo
du flüsterst und sprichst. Wo du
lügst. Wo dir keiner zuhört.
Stadt, wie ein Gebet.
Wo die nahe, die Dunkelheit dich
anschaut. Wo Augen sind und Blicke
und wieder Augen. Wo die Augen der
Augen sind und die Blicke der
Blicke. Wo das Blatt sich manchmal
wendet. Wo die Stimme kreist. Wo die
Stimme um etwas kreist, das dir fremd bleibt.
Wo eine fremde Stimme auf dich einredet. Wo deine
fremde Stimme auf dich einredet. Wo deine fremde
Stimme unentwegt auf dich einredet.

Die zwei Städte von Genua

In Genua stehen zwei Städte
übereinander.
Der Hass ist unterhalb
der Liebe.
Die eine Stadt ist
unterhalb der Liebe
und die andere Stadt
steht auf dem
Hass.
Du sprichst,
und du weißt nicht,
wessen Sprache du sprichst.
Die Wörter haben
zwei Etagen.
In der unteren Hälfte
der Wörter
ist nur die untere Hälfte
der Stadt.
Und in der oberen Hälfte
ist die obere Hälfte
und die untere auch.

In den Jahren

In den Jahren des Monats Oktober
lag ich wach und buchstabierte Träume.
Die schlafenden Nächte hatten
ein Uhrwerk aus Glas.
Selbst die Sprache war
eine pochende Erinnerung.
Ich zog die Stille auf,
wie man früher die Uhren aufzog:
Nicht zu kurz, nicht zu lang,
immer darauf bedacht,
die Feder nicht zu brechen,
die die Unruhe im Uhrwerk hält.

Ruhiger Nachmittag

Die Kinder stellen
Posten auf

Zur Warnung
vor den Erwachsenen

Die sie spielen

Biographie

Die Wahrheit
des Alterns scharrt
über ein Zahnrad
Es wurde
vor langer Zeit
von deinem Kinderblick
in Gang gesetzt.

Die Bewegungen der fünfziger Jahre

Als ich ein Kind war,
und als ich mich noch fürchtete,
allein,
im Bett,
verkroch ich mich
in die flüsternden Erzählungen
der Großmutter im Nebenzimmer.

Als ich ein Kind war,
redeten sie immer nur vom Krieg,
vom Krieg des Vaters,
und vom Krieg des Großvaters,
und vom Krieg,
der kommen wird.

Als ich ein Kind war,
redeten sie vom Staat,
und sie redeten leise,
dabei war es Tag,
und sie schickten mich in den Hof,
und ich trat in die Sonne,
und die Sonne war so heiß,
dass alle Geräusche verschwanden.

Ich war ein Kind,
und ich dachte laut,
und sie redeten leise,
und das Jahrzehnt verlor sich
in meinem wachsenden Mund.

Früher

Früher, als ich noch
auf nackten Füßen
durch das Gras lief.
Früher, als das
Schreien der Gänse
vor dem Gewitter
noch nicht eine flüchtige
Erinnerung war.
Früher, als ich noch
die Sehnsucht hatte,
mich von mir zu entfernen.
Früher, als die
Dinge noch zugänglich waren,
für das Auge,
für die Hand.
Früher, als das Nichts
noch Namen hatte
und ich einen Dialekt sprach.
Früher kannte ich noch die Angst,
jemanden zu verlieren.

IV. 2000–2009

Ticket

In einem Ei zu reisen
ist einfacher
als man denkt

Man darf nur nicht die Schale
von innen berühren
und sie sich auch nicht von außen vorstellen wollen

Alles andere ist ein Kinderspiel
Verglichen mit dem
was sonst so üblich ist

Kreuzfahrt

Die meisten Menschen
begreifen sich ohnehin
als Passagiere

Also kann man sie problemlos
auf ein Schiff stellen
Mit dem sie hin und her
bewegt werden

Wie bei großen Veränderungen
Wie bei Katastrophen
Wie im wirklichen Leben
Wie nebenbei

Brief

Der Tag hat die Stadt aufgegeben.
Der Mund ist stumm und das Telefon auch.
Das Hirn wandert durch die Bücher aber
jede Idee wird zur Nachricht.

Ich gehe von einem Zimmer ins andere
und wieder zurück, als hätte ich
Zimmerfluchten vor mir, in denen
du dich verbergen könntest.

Ich beschließe, es ist ein Spiel, dem ich
da nachgehe, in aller Stille und ohne die
Stadt und ohne dich. Ich bin ein Wanderer,
der mit etwas Glück den Wind berührt.

Die Körper

Man könnte sagen
die Körper wohnen an fernen Orten
Wie man sie von Postkarten kennt

Man könnte denken
es sind versandte Bilder
fast schon Lügen
an denen wir uns wärmen

Unberührbar sind die Körper
könnte man meinen
Obwohl sie uns freundlich entgegenkommen
Aus dem Nichts von nebenan

Nachts und im Traum
wenn der Verdacht aufkommt
dass nichts hilft
Weder das Erreichbare noch das Unerreichbare

Frühstück

Du hast nasses Haar.
Du hast nackte Augen, einen
schattigen Mund.

Es ist so früh am Tag, dass
ich dich noch rieche. Deine Haut
spricht noch, stammelt.
Sei nicht traurig, um
diese Zeit bricht das Ei des Tages
auseinander. Wir machen es wieder ganz.

Leporello

Als gingen wir der Finsternis auf den Grund
Als sähen wir in der Tiefe den schwarzen Diamant

Als wüssten wir alles schon über die Augen
Als könnten wir unseren schaurigen Worten trauen

Als wüssten wir wem wir uns zu verdanken haben
Als hätten wir den Überblick über die Fallen in uns

Als könnten wir ja und amen sagen so blättern wir
und blättern und die Welt geht uns auf und davon

Tausch

Die Uhren der Wunden
messen uns das Auge zu

Der Schmerz diktiert die Linie
von der wir nicht mehr weichen

So tauschen wir uns aus
und vertauschen das Maß

das wir sind

Fenster

Die Katze
springt
über ihren Schatten

Das Auge der Katze
wandert
über den Schattenrand

Es folgt
jener gedachten Linie
die zu überschreiten
wir uns ein Leben lang
bemühen

Weltweit umsorgt

Geschützt vor dem Schweigen. Gefeit durch die Macht
der zahllosen Sprechblasen, die unentwegt behaupten,
etwas miteinander zu tun zu haben. Blubbdeutsch. Die so
tun, als könnten sie

gar nicht ohne einander: Syntax Matrix Wachs. Behütet
vor dem
großen Schweigen, dem alle möglichen Abgründe
nachgesagt werden, wirklich
alle. Und ständig gewarnt. Von allen Seiten
aufmerksam gemacht.

Auf die Gefahren der Wortlosigkeit andauernd
hingewiesen. Geradezu
Umstellt von all den gut gemeinten Ratschlägen und
Purzelbäumen. So
wandere ich kopfschüttelnd durch die glitzernden
Dünen der Heimat.

Brandstifter

Wir sind die Helden
der Traufhöhe

Nicht ohne Stolz sagen wir:
Das Augenmaß regiert uns

Gott ist tot
sagen wir
haben wir gesagt
haben wir längst gesagt

Die Leviten lesen wir
uns selbst

Das Licht ist längst ein Feuer
Ein Lauffeuer
Das wir kommentieren

Paris, schon wieder

Ich sitze bei McDonald's
und schreibe ein Gedicht
Es ist der einzige Ort
an dem man ungestört ist
Ich nenne das Gedicht
»Das Burger-King-Gedicht«

Während ich schreibe
sind die Schaufenster zu Augen geworden
Mädchenbeine steigen in sie hinein
Eine ganze Serie
Wie in meiner Jugend

Gewohnheiten

Die raue Schale
aus der der Mann schlüpft
Um zu grüßen

Das Haus
in das er sich zurückzieht
Die Tür in der Hand

Das Gebet
das er hinter der Wand spricht
Ein Abzählreim für sich selbst

Wald

Ich sah
den Stein schmelzen
und die Liebe gehen

ruft der Vogel
aus dem Baum

Wir sagen:
Er singt

Stationen

Das Meiste ist nichts
als ein Aufenthaltsort

Wir haben den Koffer im Blick
wenn wir den Schneisen folgen

Unser Programm
ist das halbe Leben
Der Rest bleibt
offen

Für die Affären
Für den Krieg

Abschiedsgedicht

Immer noch rasen die Züge mitten durchs Herz.
Die Bahnsteige sind Teppiche fürs Gefühl, ausgerollt
zum Entsetzen der Uhr, die über uns schwebt
und am liebsten davonfliegen würde.

Oktobergedicht

Am Morgen
wenn es noch zu dunkel ist
um laut zu sprechen
wachsen die Augen
ins Kommende

Als könnten sie
sehen

Transaktion

Erinnerung
die zum Herzen hinaufwächst

Immer noch

Und immer noch
Höchstpreise erreicht

Die Käufer vergrößern
in Gedanken
das Land

Landleben, Erinnerung

Äpfel aus dem Ofen und
Kartoffeln und das Bild der Ewigkeit
über dem Bett

Paarweise gerahmt, bis dass der
Tod und all das und das
anhaltende Schweigen

Das Ohr an der Wand der Welt

Kalt und warm und die Gewinner
um den Tisch, die kleinen Sieger,
Parolen im Ärmel

Wer kommt besser durchs Leben
Und wer nicht

Melonen

In der Strömung stoßen
die Schwimmer die Melonen
vor sich her
als wären es Köpfe

Die Maulbeerbäume

Dass hier das Haus stand
das Haus in dem wir uns
um Kopf und Kragen redeten

Dass wir durch die Türen gingen
von Sommer zu Sommer
als wäre alles bloß eine Affäre

Dass wir in der Mittagshitze hockten
und auf etwas warteten
oder auf jemanden

Der für immer gegangen ist
Und zwar wegen der Maulbeeren
deren Anblick er angeblich nicht mehr vertrug

Dass es so war
oder auch nur gewesen sein könnte
mag ein ausreichender Grund sein

Um über all das zu schweigen
Zumindest jetzt
Zumindest hier

Die Schlafenden

Ohne Atem schweben sie durch die
Hand, die die Nacht aufzuhalten sucht.

Rücksichtslos machen sich ihre
Flüsterstimmen breit, ihre mächtigen

Stimmen, die in die Zukunft drängen,
jedes Mal ans Ende des Traums.

Es ist schon lange aus, sagen die Stimmen,
und es geht immer noch weiter, sagen sie.

Nachtmeer

Bilder springen über, überspringen dich.
Land ist in Sicht, Niemandsland.
Der große Rest ist da.

Wie der Rest vom Leben
wälzt er sich über das Auge.

V. 2010–2012

Fliegen wollen

Jedes Blatt ist plötzlich
ein Ahornblatt

Der Fuß verweigert den Schritt
für den Gang durch die Luft

Jedes Wort ein Kronzeugenwort
Jede Stille ein letzter Beweis

Detektiv

Was in Erfahrung gebracht wird
macht es uns möglich

uns auf etwas zu einigen

mit dem die Lebenden
leben können

und wofür sie bereit sind
zu zahlen

Unter dem Strich

Den Ball zugespielt
Gewonnen
Was zu gewinnen war

Das Versprochene gehalten
Die Leviten gelesen
Den Atem angehalten

Losgelassen
Beizeiten losgelassen
Wiederholt versucht

Und dann:
Verkauft
Einfach verkauft

Linienflug

Wer denn
wer bitte
hätte es in der Hand

Wem gelänge es
zu fliehen

zu fliegen

Wohin ginge die Reise
Und wer würde wen begleiten
Und wohin

So viel Fuß hoch

Und was ist schon ein Fuß
bei dieser Höhe

Wer sich hier meldet
sagt an

Wir fühlen uns wohl
an Bord
gewiss

Die Flughöhe ist bereits verlassen
Die Schneise geschlagen

In der Luft

Und so gut wie keiner
in Gefahr

Als »Eva« Informantin war

Als »Eva« Informantin war
war die Welt noch eine Scheibe
auf der wir hin und her liefen
einmal oben
und einmal unten
einmal mit dem Kopf in den Wolken
und einmal mit den Füßen an der Decke

Als »Eva« Informantin war
war das alles noch möglich
wir redeten uns um Kopf und Kragen und
hörten uns trotzdem nur reden
als sei das
was wir sagten
auch das
was wir meinten

Wer die Welt als Scheibe erlebt hat
wundert sich nicht darüber
dass er sich gelegentlich reden hört
reden und singen

So redeten wir damals
wir redeten und sangen
wir sangen die Lieder aus dem Radio
und es war schön

Wir stellten uns jedes Mal vor
dass die Scheibe rund ist
dass alles
was wir zu sehen bekamen
in Wirklichkeit rund ist

wir sagten es zu den Leuten
sie sahen uns an und dabei blieb es auch

Wir liefen auf der Scheibe hin und her
und riefen uns aufmunternde Worte zu
wie die Fußballspieler
in unseren Augen war alles rund
rund wie der Kopf
unwiderruflich

Als »Eva« Informantin war
musste man sich alles was rund ist
als rund vorstellen können
wir stellten es uns vor
und Allen Ginsberg sang dazu
und alles war rund und wir liefen im Kreis
und es war uns klar
es ist nie anders gewesen

Als »Eva« Informantin war
war die Vorstellung
dass alles rund sein könnte
ein Delikt
und was wir sagten
war bestenfalls
eine Behauptung
eine unbewiesene
wie es hieß
jedenfalls hätten wir das alles noch zu belegen gehabt
zu belegen und zu gestehen

Was aber
frage ich mich jetzt
wo alles rund ist und nirgends mehr eine Scheibe
was ging das »Eva« an

Wanderung

Der Berg
ein Hinterhalt
ein längst vermuteter

Wasser
das aus der Erde springt
als letzter Beweis

Dein Auge
das nur noch ein Gewicht trägt
das Gewicht der Natur

und keine Balance

Blitze

Plötzlich ist die Wolke
Ein schwarzer Pfeil
Den jemand in den Baum jagt

Der Baum fliegt
Wir fliegen mit
Und kommen doch nicht
Von der Stelle

Unter den Wolken

Unter den Wolken
den unerledigten Akten des Himmels
hat man
die Stadt errichtet
unsere Stadt

Man hat Tische ins Freie gestellt
Tische
und Stühle
Man hat Wände hochgezogen
mit Fenstern und Türen
die man auf und zu
klappen konnte
nach Bedarf und aus Langeweile
Und als die meisten von uns
dann schon ein Dach über dem Kopf hatten
ein Dach
das den Kopf vom Hals trennen konnte
begannen die Manöver für den Ernstfall
wie es hieß

Im letzten Supermarkt

Ich hole mir den Himmel
aus dem Regal
Der Preis ist in Augenhöhe

Vorsichtig lege ich mich aufs Band

Aus dem offenen Mund
der Kassiererin
springen die Zahlen
in den Tag

Die Zahlen
die uns sortieren

Unauffällig verlasse ich das Band
Hüpfe gut gelaunt in den Einkaufswagen
Begebe mich geradewegs zum Ausgang

Einen schönen Tag noch
ruft mir die Münze zu
bevor ich sie wegstecken kann
Auch sie

Als wollte ich meinen Einkauf ungeschehen machen
Als könnte ich meine Spuren verwischen
Als könnte ich sie zumindest verkleinern
Oder vergrößern

Wie ein Angebot
Wie ein Gebot
Wie ein Verbot

Löffel

Mein Urlaub ist
länger als deiner
Meine Frau hat
mehr Knie als deine
Meine Uhr ist schneller
als deine
Ich bin älter
Du wirst die Suppe auslöffeln
Dein Löffel ist
kürzer als meiner

Kochstraße

Auge
Mauerschatten
vergangener Wörter

Nichts
das zu Ende gesprochen wird

Das Meiste vergeht
bevor es gesagt werden kann

So sitzen wir einander gegenüber

Sommer

Die Nacht kommt
und die Türen schweigen

Alles ist ohne Hand und Fuß

Die Schritte aber
die im Haus horchen
finden keinen Frieden

Am Automaten

Wachgerüttelt
vom Getöse
beim Fall
des Schokoriegels
ins offene Fach

siehst du
wie die S-Bahn soeben
in die Zukunft rast

Sie fährt dir davon
und es ist dir egal

Denn auf dem Schokoriegel
den du jetzt in der Hand hältst
steht der Satz: Du musst dein Leben ändern
Und der Satz: Du änderst es bereits

Manchmal genügt ein Münzeinwurf

Hotel Atemzug

Den Wind im Nacken
Den Kopf im Blick
Gras wuchs in die Luft
Vor mir war ein schnelles Licht
Ich hielt an
Es war wegen des Kopfs
Und wegen der Nacht

Himmel oder Hölle
sagte ich
Ich hatte keine Münzen dabei
Eine Frau hielt das schnelle Licht
Sie wies mir den Weg
zu den Stimmen auf dem Flur

Willkommen im Hotel Atemzug
Hier ist noch ein Zimmer frei
Der Himmel ist grenzenlos wie die Hölle
Das Zimmer ist frei

Ich folgte den Stimmen
In meinem Zimmer wuchs wieder das Gras
Und das Zimmer wurde größer und größer
Ich sah mich tanzen
Ich hörte mich reden

Erinnern
so fragte ich
Was ist schon zu erinnern
Und was wäre denn zu vergessen
wenn der Wind sich doch noch dreht

Ich schlief ein
Ich hörte die Stimmen singen
Ich verlangte die Stimme des Chefs
Ich wollte gehen
Mitten in der Nacht rief ich nach der Stimme des Chefs
Weil ich mich satt hatte
Und die Stimme des Chefs flüsterte mir zu:

Willkommen im Hotel Atemzug
Hier ist ein Zimmer für dich frei
Die Hölle ist grenzenlos wie der Himmel
Gib auf
sagte er
Du kommst hier vielleicht raus
Aber du kommst von der Hölle in den Himmel
Und vom Himmel in die Hölle
Und hier hast du alles
Und es ist alles auf Eis

inspiriert von The Eagles:
Hotel California

Rufen

Manchmal
an den Sonntagen
an einem zwitschernden Morgen
scheint es plötzlich
als würdest du alles
was du sagst
zu dir selbst sagen

Jemand ist bei dir
und du sagst etwas zu ihm
und antwortest auf das
was du scheinbar zu ihm gesagt hast

Du merkst es
und sprichst trotzdem weiter
als wäre der andere gar nicht da
als würdest du jetzt
mit den Worten
den immerwährenden
allein auskommen

Und du merkst
je mehr du zu ihm sagst
desto schneller entfernt er sich
bald wirst du rufen müssen
um ihn vielleicht doch noch zu erreichen

Geht er nicht schon drüben
am Horizont über den Wellenkamm
und rufst du nicht längst einem Surfer zu
einem Wellenbrecher
vergiss es

Es ist ja nichts passiert
außer dem Zwitschern
und dem Reden
und diesem Wellenschlagen
das man jetzt überall hört

Der Schnee

Der Schnee kommt immer noch unbemerkt
Er kommt selbst dem Wetterbericht zuvor
Er schafft es
Auch jetzt

Du siehst ihn frühmorgens
auf den Autodächern als weißen Lack
und für einen Augenblick ist es
als stünde das Dorf noch

Das Dorf
aus dem du dich davongemacht hast
Damals
Und das nicht weichen will

Als hätte es seinen Anspruch auf dich weiterhin
aufrecht zu erhalten

Schnee liegt auf seinen Dächern
Weißer Lack

Darunter sind Stimmen
Darüber auch

Wem gehören sie

Und wessen Frage ist das
Und warum

Kindheit

Wo die Kindheit ihr Machtwort spricht
Ob es die Herzkammer ist
Oder bloß der Kopf
Wer kann es schon wissen

Was du auch sagst
Ob du Holunder sagst
Oder Höhle
Es bleibt deine Sache

Richtig

Die Amsel singt
Und auch das ist im Museum
Es kostet dich eine Führung

Danach weißt du
Ob sie klagt
Und du weißt
Dass diese Art Wissen dir nichts nützen kann

Bei diesem Licht
das plötzlich in den Zimmern ist
und dem man sprachlos folgt
um jedes Mal zu den Glocken zu kommen
zu denen der Gedanke fliegt
Zu den geläuteten Glocken

Man möchte jetzt keine Namen
nennen müssen

Jetzt
Wo alles einen Namen hat
Jetzt
Wo alles Erinnerung ist
öffnet sich schreiend das Fenster
um dir frohe Menschen zu zeigen
Frühlingstage

Für einen Augenblick erhellt sich die Seele
sagt Trakl
nimmt sein Gedicht und geht

Schwalbenflug

Die Schwalben waren wieder da
Und wir nannten sie
wie in jedem Jahr
auch diesmal
Schwalben

Das ließ sie kalt
wie alles andere
worüber wir zu reden pflegten
oder auch nur zu schweigen hatten
Als wäre das Reden mehr
als das Schweigen
Und die Erklärung der Welt etwas Größeres
als das Staunen über sie

Während sich die Tauben
wie jedes Jahr
zwitschernd
an unserem Dach zu schaffen machten
und wir uns wieder einmal
veranlasst sahen
vom Schwalbennest zu sprechen
als hätten wir in der Sache überhaupt
etwas zu sagen
Und das nur
weil unsere Flugzeuge jederzeit
am Himmel erscheinen konnten
Und doch nicht viel weiter kamen
als die Schwalben in diesem
wie in jedem Jahr
gekommen sind

Das Begrüßungsgedicht

Das Begrüßungsgedicht ist
wie Geld ohne eine Brieftasche

Du kündigst es an
und alle haben es längst im Blick

Du könntest es jetzt vorlesen
Aber es wäre
wie mit Geld um dich werfen

Mit Scheinen oder Münzen
Mit Worten
Um die es jetzt nicht geht
Um die es jetzt nicht gehen kann

Du würdest am liebsten die Augen schließen
Damit wenigstens du das Geld nicht mehr
im Blick haben musst
Die Scheine
Die Münzen

Du schließt die Augen
in der Hoffnung
das Gedicht doch noch sprechen zu können
und damit endlich zur Begrüßung zu finden

Zu einer ersten Ansprache
an das
was noch kommen soll
an das
was noch kommt

VI. 2013–2016

Gold

Wenn es mir gut geht
ist alles plötzlich nur eine Frage der Zeit
und Zeit gibt es mehr als genug

Es ist ein häufiger Rohstoff
Er folgt unmittelbar auf das Gold

Auf beides weicht man aus

Auf das eine in Zeiten der Not
auf das andere in der Verzweiflung

In der Not wird das Gold gewogen und in der
       Verzweiflung schluckt man die Uhr

meine Stirn ist jetzt kalt
eine goldene Hand fährt ihr unter die Haut

Ich verdrehe kurz mal die Nase
wie um Zeit zu gewinnen

Für das
was vergeht
Für die unauffällige Reklame
Für das Gewonnene
und das Zerronnene
Für den Schatten
den die Zeit wirft
Für das Wort
das den Barren vorsichtig auf die Zunge legt

Exposé

Es war das Jahr
in dem ich zum ersten Mal dachte
dass ich jetzt schon ziemlich lange auf der Welt bin

Ich lernte eine Frau kennen
und auch diese Geschichte nahm ihren Lauf

Ich wies eine Frau ab
und wurde von einer Frau abgewiesen

Weil ich an meinem Beruf zweifelte
hätte man annehmen können
ich gebe ihn auf

Es gibt immer Gründe etwas nicht zu tun
Das halbe Leben ist eine Unterlassung
pflegte ich zu sagen

Bis man mich auch darin eines Besseren belehrte

Wandermond

Das Wirkliche ist das Unwirkliche
das vergeht

Der Regen singt und flieht
wie das Untier des Traums

Jedes Wort
das ich schreibe
schaut mich an

und ist ein Unwort

Die Tage verschwimmen

Der Süden schluckt die Jahreszeit

Es ist ein Unjahr
aus dem ich hinaustrete

Nacht für Nacht

In die Finsternis
der Uhr

Nachricht

Der große Rest ist da

Noch einmal gräbt sich
der Rost
der Rost den du schon kennst
in die Geschichte

Ich betrachte die Pflaumen
im Kühlschrank

bis sie sich bewegen

Mansarde am Meer

Manchmal
will man ja nur
in ein anderes Land
weil man denkt
man wäre dort
unter Umständen
besser aufgehoben
zu zweit und allein

Schon sieht man sich
den Landschaften widmen
der Senke
und dem Hochplateau

Und wenn am Morgen
die allseits bekannte
Sonne aufgeht
So ist es
wie zu erwarten
ein Hotelzimmer
in dem man sich
befindet
Eine Mansarde sogar
Vorausgesetzt
der junge Gabin
blickt von der Straße
zu uns
hier oben
hinauf
wo alles
was man denkt

zur Schneise wird
angesichts der schicken Möwen
die uns jetzt um die Ohren fliegen
denn die meisten Arrondissements von Paris
liegen gleichsam
am Meer

Und das
meine Lieben
ist auch das Motto unserer diesjährigen
Urlaubsreise

Zu den Bildern von Barbara Bräuer

Es ist ein Haus
Ich weiß es
Und überall
wo man es vermutet
sind Gegenstände

Gegenstände ohne Namen
wie es immer wieder heißt
Und alles
was ohne Namen ist
ist Erde
und Ton

Wir aber sehen Bilder
Und wenn von all diesen Bildern
nur eines übrig bliebe
Wenn
von allem
was wir sehen
und zu sehen bekommen
nur eines nicht verloren ginge

So hieße das nicht
dass wir das Verlorene
in dem einen einzigen
in dem Einzusehenden
aufbewahren
Sondern
dass wir
ausgehend vom Übriggebliebenen
zu allem anderen zurückfinden könnten

Zurück ins Haus und zu den Gegenständen
deren Namen Bürden sind

Ich nenne bloß die Körbe
Die Eimer und Deckel
Die umgestoßene Kanne
Als hätte jemand es eilig gehabt
Kastanien und Kastagnetten verwechselt
und das Weite gesucht

Es ist das Obst auf dem Teller
und der Stuhl
der am Tisch fehlt

Und dann fehlt auch der Tisch
Aber das ginge gerade noch

Ohne Tisch fehlt ja nur der Platz für die Hände
Und wem kein Stuhl angeboten wird
der kann nicht bleiben

Er greift nach dem Korb
in dem das Geflochtene weiter wächst
während das Obst vom Teller fällt
und das Werkzeug die Taschen füllt

Es kommt auf die Reihenfolge an
sagt jemand
Wer etwas überspringt
lässt etwas aus
Er gibt die Reihenfolge auf
Und schon weiß keiner mehr
was Ton ist
und was Erde zu bleiben hätte

Gesichter

Damals
Als das Eis auf dem Fluss
noch zu hören war
In der Nacht
Im Schlaf
und überhaupt

Damals
Als man noch ins Horchen kam
weil das Eis sich auf dem Fluss
zu bewegen begann
und man sich im Schlaf
selbstredend
mit zu bewegen hatte

Gab es das Haus der Nacht
und das Haus des Tages
Es gab das Haus der Türen
und das Haus der vier Wände

Das Haus der sich öffnenden Türen
und das Haus der ewigen vier Wände
in dem es nichts weiter zu sehen gab
als das
was die Spiegel
in die wir uns gelegentlich stürzten
zuließen

So waren wir ständig
bei den Türen
Bei den Türen und den
Jahreszeiten

Auf sie kam es an

Wie auf das Eis
über das wir vorsichtig liefen
In der Nacht im Schlaf
und überhaupt

Als wäre dieses Eis eine Brücke
über die wir zu gehen hatten
bevor wir uns im Bett umdrehen konnten
um die Gesichter
die den Spiegeln als verloren galten
wiederzufinden
Die Gesichter
und überhaupt

Sofortbild Rom

In Rom zu sein
In Rom
An der Piazza Bologna

In Rom
Am 16. Juli 1991

In Rom
und nichts zu wissen
von dem
was kommt und
was zu kommen
hat

In Rom
an der Ampel stehen
und über die Straße gehen
um ins Teatro Jovinelli
zu kommen
Ins leere Theater Jovinelli
Jovinelli bei Termini

Während die Passanten
in die Kinos eilen
Ins Moderno
Ins Modernetta
Die schweren Kugeln der Lampen
über dem Kopf
Die Piazza im Blick
Die Piazza della Repubblica

Und das Gitter
Das Gitter an meinem Fenster

Der Blick
von meinem Fenster aus
auf die parkenden Wagen
die leer geräumten Autos
die offen stehenden Autotüren
Ihre Besitzer
die alles bei sich tragen
Ihr Leben
Ihr ganzes Leben

Sie tragen es am Körper
Sie sind bei sich selbst

Während sie am Klappstuhl festhalten
oder auch nur am passenden Wort
fällt ihnen die Piazza auf den Kopf
Sie schauen aufs Moderno aufs Modernetta
Auf den Stuck und
auf den Stein

Aufs Travertin

Ich sehe sie durch mein Fenster
Ich halte mich an meinem Gitter fest

Termini
Die Passanten
retten sich in den Tunnel
in die Einbahnstraße

Hammer und Sichel
versprechen Orangen
wie eh und je

Es sind die Blut-Orangen
im Baum

Ich sitze auf der Piazza
die Autotüren stehen offen

Ich sitze im Halteverbot

Was man nicht bei sich trägt
ist verloren

Abendland

Es ist nur ein Blatt
das unter den Tisch fällt
Und schon raschelt es
im Laub des Stuhlbeins

Wie bei einem Wind
der plötzlich aufkommt
Wie mit einem Wort
das sich um die Achse dreht

Es knarrt in den Füllungen der Türen
Der Stuhl bäumt sich auf
Ein Gewitter geht durch die Zeilen
Es schwankt das Segel der Unruhe

Ein Gedanke fegt darüber hinweg
Dreimal wird der Mond über dem Meer
des Caspar David bewegt
An der zur Ruhe gekommenen Wand
Nachher

Jetzt

Sonntag

Es war an einem Sonntag
im August

Ich hatte das spitze
Gesicht
der Verlorengegebenen
und den schmalen Mund der Abgefundenen
und
nebenbei
betätigte ich mich
als Eisvorkoster für
Schoko und Vanille

An diesem Sonntag
im August
war es
dass ich dich
wieder
wie zum ersten Mal
ansehen konnte

Seither
zählen wir nicht mehr
die Tage

Feuer

Feuer sind im Land
Eisfeuer

Irrlichter aus Wörtern
eilen uns voraus

Ich fahre aus der Haut meiner Lage

Ich fange Feuer
Kaltes Feuer
von deinem Blick

Wir
Die Nachfahren der Wörter

Wir
Blinde Passagiere

Wir rasen ins Licht
Ins ausgeblendete Licht

So wärmt uns
die Zeit

Eine Jacke für Pier Paolo

Es
war in Rom
dass ich ihn traf
und er rauchte mir
tatsächlich
was vor
so als Accatone

Es war letzten Endes nichts weiter als
eine Zigarette
die ihren Dampf ins Auge
selbstverständlich
auch ins eigene trieb

Es war dies ein Morgen
wie er nur in Rom sein konnte
Ein blauer Dunst
in dessen Smog man faktisch
ohne eigenes Zutun gelangte

Kurzum er sah mich an
Und es war für einen Augenblick
als hätte der Frühmorgenfrühstücksblick
gar nicht mir sondern
seiner weitgehend abwesenden Freundin gegolten
die plötzlich an seinem linken Arm hing

Frag mich nicht wieso

Und weil sie selber offenbar Zweifel hegte
was ihre Rolle an diesen Morgen in Rom betraf

fasste sie mich gleichzeitig in ihr blaues Auge
in ihren gefrästen Augenstahl

Während sie ihm
über den freigebliebenen
den sozusagen unbesetzten Handrücken strich
und sich dem langjährigen Freund voll und ganz
        zuwandte
sagte sie
Willst du vielleicht
anlässlich des heutigen Tages
dass wir später nach Ostia gehen
zu Pier Paolo
an seinen Glasperlenstrand
ich mit leeren Händen und du in deiner Kreuzbergjacke
und Richard
fügte sie hinzu
der mit seinem schmalen Gedicht schon fast fertig ist
er wird sich heute in eine der Nacktmöwen verknallen
und wir
der Rest vom Ganzen
darf sich in den nassen Sand werfen
darf sich dem Sand unterwerfen

Denn hinter uns
weit hinter uns
ist bloß noch Rom
Jedenfalls von dem
was zählt

Weißes Schiff

Es gibt kaum ein Zeitalter
in dem man nicht vom zeitgemäßen
und bald danach vom zeitgenössischen
Blond spricht

Es ist das Blond
das die Waage der Geschlechter hält
Ob in geschäftiger Nachkriegsmanier
oder im unverkennbaren Vorkriegslook der großen
　weiten Welt

So fallen sie buchstäblich aneinander vorbei
und brechen sich immer nur Hals und Bein

Es ist der eigene Hals
der sich schließlich anbietet
und das mit Modigliani und dem Absinth der anderen
　Zeit

Und was das Bein angeht
das Bein das sich im blickdichten Strumpf versenken
　lässt
als könnte es sich den allgemeinen Kampfhandlungen
　entziehen
und unauffällig den geordneten Rückzug antreten

Der sogenannte geordnete Rückzug aber kann nicht
　verhindern
dass das Strumpfbein bei den Handgreiflichkeiten
eine Laufmasche nach der anderen riskiert

So dass die Kneipenlandschaft uns Abend für Abend
unter die Welle zieht und in den Strumpf versenkt
Wer aber sind unter solchen Prämissen am Ende die
    Damen
bei denen man das Feuer einfängt

Sind es tatsächlich die Schlampen der Mittelmeerhäfen
mit denen die Mannschaftswelten ihre Zigarette
    rauchen
oder ist es wirklich nichts weiter als
die reine Verblendung nachts am Kai
am Kinokai

Und was bitte ist ein Kai
ein Kinokai
Was ist ein Mittelmeerhafen und was ein Kai
ein Kai und ein Mittelmeerhafen und
eine Lampe

Eine Mitternachtslampe
eine Mitternachtsbogenlampe
wo alles Gesprochene zum Schlager wird
Weißes Schiff nimm uns mit!

Schlaf gut

In Berlin
am Helmholtzplatz
gehen die Messies auf und ab

Es sind die nervenschwächsten Messies der Stadt
hier versammelt
Und weil das so gar nicht überzeugend ist
drücken sie die Jungs
die Jungs vom Kiez
unauffällig mit ihrem messerscharfen Handschlag
auf das Verlust-Staunen zu
und wieder ab

um das sie nie und nimmer herumkommen werden
Vielmehr sind jetzt zum ersten Mal ihre
 Unterwasserhandschuhe
mit freiem Blick zu sehen

Als wären sie vergriffen
oder etwas zum Sich-Vergreifen
Und so drückt man
so oder so
ein Auge zu
Ein blankes Auge
Ein Scheuerauge

Ein Auge
eines von denen hier
die unwillkürlich ins Blinzeln geraten

Um dort zu verharren
als hätten sie nichts als das Ziel

vor Augen
Das nimmersatte Ziel

Als wäre damit nicht nur das Ziel
sondern auch der Zweck erreicht

Du hier im Zielbereich
Du hier
auf dem Siegertreppchen
Das Naturwissen
Mehr noch die gesamte Naturwissenschaft
Die ewige Wirtschaft
mit der wir uns plagen

Das ganze Linksgewendete und Rechtsgewandete
verwirkt eins ums andere
die Naturwissenschaft

Und am Ende ist sie
nicht viel mehr als eine Art Darmverwicklung
der man Namen gibt

Um sie in den genetischen Schubladen abrufbereit
 und feinstaubsicher
jederzeit zum Vergleich
zum toten Vergleich heranziehen zu können

Wer kommt
Wer geht
Wen verlieren unsere Stimmen aus der Partitur

Das ausgelutschte Paar
das sich immer doch nur aus dem Blickfeld gerät
und sich jedes Mal folgenreich und von Neuem zu
 suchen beginnt
Wobei das Suchen
das allgemeine Suchen
wie eine Streckbank ins Ungewisse ragt

ins Unvermögen

Es gibt nichts
nein es gibt nichts
außer den kollektiv gesummten Fragen

Und jede dieser Fragen
wie beinahe jedes Interrogatorium
jede Beiläufigkeit schließlich auch nichts anderes als
eine auf Samt gebettete
Ikonenkonstante darstellt
die nicht zuletzt die Stimmen hütet
Und damit ist sie unser einziges Instrumentarium
mit dem wir angeblich so gerne spielen
und sprechen und flüstern
und das Erschauern genießen

Ich sage es dir
Ohne zu zögern
sage ich es dir

Weißt du was sage ich

Es ist nicht viel
was es zu besagen hat
Denn die Sprache
die man allgemein zu sprechen vorgibt
diese verkommene Sprache
dieses höchst verbreitete Idiom
das sich wie kaum ein anderes zur
Levitation und zur Missionarsstellung
in einem Zug
in einem Atemzug
eignet

Schlaf gut!

In dieser Nacht

In dieser Nacht greifen
die Toten an
Ihre Körper sind weich
wie im Leben

Du kannst zu ihnen sprechen
oder auch schweigen
und es wird dir nichts nützen
Weder das Sprechen
noch das Schweigen

Die Toten bleiben unerkannt
Ihre Lippen bewegen sich
als wollten sie dir etwas auftragen
oder auch nur anvertrauen

Es ist kein Geheimnis
und auch kein Gerücht
Es ist nichts weiter
als die Geschichte
die sie dir immer schon erzählen wollten
Ihre Geschichte
die Geschichte der Toten

Diese aber lässt sich nicht erzählen
Sie lässt sich ebenso wenig erzählen
wie die Geschichte der Lebenden

In dieser Nacht greifen sie wieder an

Jedes Jahrhundert

Jedes Jahrhundert hat sein eigenes Gold
und sein eigenes Blond

Es sind die Geschlechter
die um sich herum scharwenzeln
um einander zu kriegen
wie sie gelegentlich versichern

Sie tun es mit einem Seitenblick
einem verstohlenen kredenzgesüßten
Atemzug

Es ist
der stumm gebliebene Nachmittag
der den Skeptiker aller Zeiten
der vom Glanz der Karaffe
faszinierte
jeweilige Sartre, Jean-Paul

Der Widerstandsdenker

Du weißt
der Widerstandsstatusdenker
der den Etikettenschwindel ins Regal verlegt

Der Philosoph deiner Jugendjahre
deiner Jubeljahre
um den du nicht herumkommst

Um den du ein Leben lang
nicht herumkommst

Und so am Ende aller Magdalenen und süßer Brioches
doch noch zu verzweifeln beginnst

indem du dich selbst befragst
ausdrücklich selbst befragst

Meine Herren
fragst du
Meine Damen und Herren
was ist schlimmer
ist es das Lesen
oder bloß das Schreiben
was denken Sie

Katharinenhof

Die Wälder werden kälter
Das Ei schläft im Wein

Du weißt
worauf es ankommt
Du weißt
worum es geht

Tapas

Es ist dunkel
auffallend dunkel
Es ist ein Winterdunkel
in der Luft

Es ist ein Schatten
auf dem Auge
Als hättest du kein Auge mehr
als bräuchtest du es nicht

Denn neben mir liegt
nur dein Körper und

mein Körper liegt neben dir

Er horcht sich
an deinem Hirn entlang

Er drückt sich vorübergehend
an deinen Hals

Mein Körper steigt in dein Auge
und schon ist es fort
wie verschluckt

als gäbe es einen Kannibalismus des Gesehenen

Mein Körper ist überall
und ich bin sein Wittgenstein

Er ist überall
wo dein Auge ist
Ich aber sehe es schon lange nicht mehr

Ich bin nicht mehr mein Körper
Mein wegfallender Körper
Mein Abfall
von wessen Fahne
auch immer

Wir wissen es nicht

Wir fürchten das Leben
ein Leben lang

Wir fürchten uns
vor der Reklame
die in den Briefkästen
den allgemein üblichen Leichengeruch
verströmt

Auch darüber lassen wir uns gerne ausfragen

Als wäre nicht schon genug gefragt

Gefragt und gefragt und
»ich« gesagt und
»du« gesagt und
ausgesagt

Alles ist über den Ladentisch gegangen

Über den runden Tisch der freien Marktwirtschaft
Wir leben in ihren Öffnungszeiten
in ihren Pfingst-Öffnungszeiten

In den Herzen der Kassiererinnen
leben wir

Alles um uns herum
entspringt einer Kasse

Wie die Kupfermünzen und
die Abkupfermünzen

Mein Körper folgt dem Ganzen auf dem Fuße
als wäre er ausgegeben
an die Pathologie verschickt
Und dann nochmals ausdrücklich
nach der Pathologie der Herzen
befragt

Als rede allein
der Körper
Als wisse bloß er noch
worum es wirklich geht
und worum es niemals gehen könne

wie er betont

Er sagt es einfach
er spricht es aus

Wie man so redet
Wie der Körper so redet
Wie man es kennt

Er sagt es
und sagt es auch nicht
Er sagt immer nur

kopflos

Abends
sagt er
sind wir
kopflos

Abends
in den Bars

In den
Tapas Bars

Fuck The Police
ruft er plötzlich

Fuck Battista
Fuck Bolivar
flüstert er

Fuck Simone de Beauvoir

»Die Poesie gibt einem das, was sie einem nimmt.«

Zur Lyrik Richard Wagners

»Ich bin ja nicht einer, der auf Strömungen warten muß, weil ich ja nicht denkfaul bin«[1], sagt Richard Wagner im Jahr 1980 im Alter von 28 Jahren. Zu diesem Zeitpunkt publiziert er bereits seit zehn Jahren Gedichte. Doch schon anlässlich seines zweiten Gedichtbandes im Jahr 1977 bemerkt die Literaturkritik, es sei interessant zu beobachten, welche Wandlungen Wagners Lyrik bereits durchlaufen habe. Radikale Formwechsel und Experimentierfreude werden seinen Gedichten von Anfang an attestiert, und er selbst tritt schon als junger Lyriker für die ständige Erneuerung des Gedichts und seiner Formen ein. Doch aus heutiger Sicht erweist sich Wagners Lyrikwerk in der Rückschau auf bislang elf veröffentlichte Gedichtbände im Zeitraum von 1973 bis 2010 sowie unveröffentlichte und verstreut, überwiegend in Zeitungen und Anthologien publizierte Gedichte von 1969 bis 2016 trotz seines heterogen Erscheinungsbildes als so thematisch kohärent wie ästhetisch zwingend. »Meine frühesten Gedichte sind genauso wie das, was ich jetzt schreibe. Was habe ich denn da in der Zwischenzeit bloß gemacht?«[2], fragt Wagner im Jahr 2016.

Wagner debütiert 1969 mit vier Gedichten auf der Jugendseite der Zeitung *Neuer Weg*. Später sagt er, er habe sein Geld seit dem 17. Lebensjahr mit Schreiben verdient. Zeitungen und Zeitschriften sind anfangs die einzige Publikationsmöglichkeit der jungen Dichter der deutschen Minderheit in Rumänien, die wie Wagner im sozialistischen, von Zensur und Restriktionen durchdrungenen Kunst- und Literaturbetrieb Rumäniens unter ganz eigenen Konditionen zur Literatur finden müssen. Speziell Wagners Angehörigkeit zur deutschen Minderheit in Rumänien, in seinem Fall die der Banater Schwaben, die kaum Interesse und Akzeptanz für moderne Literatur aufbringt und sich bereits von der Reimlosigkeit eines Gedichts provoziert fühlt,[3] prägt seine sensible Aversion gegen den unreflektierten Umgang mit der eigenen Lebenswirklichkeit und konventionellen Denkweisen sowie sein Verhältnis zur Sprache. Aus der frühen und bewussten Erfahrung des eigenen Minderheitenstatus und der kommunistischen Diktatur Ceaușescus resultiert die elementare Erfahrung von Sprache als Rückzugsraum – auch vor dem ideologisierten öffentlichen Diskurs, den es zu hinterfragen gilt.

In frühen programmatischen Aussagen schildert Wagner sein lyrisches Anliegen als dezidiert engagiertes insofern, als »wir auf der Suche nach den formalen Mitteln sind, mit denen der hiesigen Wirklichkeit beizukommen ist.«[4] Im Plural spricht er, weil er inzwischen Gleichgesinnte um sich versammelt hat. Gemeinsam stellen sie sich unter dem Namen *Aktionsgruppe Banat* in den Dienst der Erneuerung der sogenannten rumäniendeutschen Literatur – einer Literatur, die bis dahin in den Augen der jungen Dichter nicht existent ist, oder, weniger radikal ausgedrückt, bislang lediglich durch traditionelle Heimatromane und Natur- und Vaterlandslyrik in Erscheinung getreten ist, und dies auch kaum über die regionalen Grenzen hinaus. In wöchentlichen Treffen lesen und diskutieren die neun Mitglieder der *Aktionsgruppe Banat* – darunter auch die Autoren Johann Lippet, William Totok und Gerhard Ortinau – eigene sowie zeitgenössische literarische Texte. Ihr Ziel ist eine zeitgemäße, kritische Literatur, die neue Wege des Ausdrucks beschreitet und alte Denkmuster dekonstruiert.

Die Gedichte aus Wagners erster Schaffensphase, versammelt in seinem Debütband *Klartext* aus dem Jahr 1973, sind geprägt vom kritischen Beobachten und radikalen Hinterfragen überkommener Traditionen und Konventionen – Bertolt Brecht ist für ihn zu Beginn unbestrittener Anknüpfungspunkt. Im Vorwort zu *Klartext* schreibt der Literaturkritiker Emmerich Reichrath: »Eine Hauptzielscheibe der Kritik in mehreren Gedichten ist gerade die Interesselosigkeit, das kleinkariertgenügsame Es-geht-mich-nichts-an-Denken. Diese Lyrik provoziert, aber ohne Extravaganzen – sie fordert zur Selbstüberprüfung und Stellungnahme heraus.«[5] Damit ist eine wesentliche und werkumspannende Konstante von Wagners Lyrik ausgesprochen.

Im Rahmen der *Aktionsgruppe Banat*, dessen Kopf und geistiger Anführer er ist, findet Wagner sein bestmögliches Forum in einem sozialistischen Rumänien unter den Bedingungen von Diktatur und Zensur – und darüberhinaus den wohl einzig denkbaren Raum, sein schriftstellerisches Potential zu entfalten. Doch dieser bleibt begrenzt: Die *Aktionsgruppe Banat* wird drei Jahre nach ihrer Gründung infolge einer kurzzeitigen Inhaftierung Wagners und dreier seiner Mitstreiter im Jahr 1975 zerschlagen. Bereits früh hatte der rumänische Geheimdienst Securitate begonnen, die Gruppe abzuhören und deren Mitglieder zu beschatten. Bereits die Gruppenbildung machte die jungen Autoren verdächtig – ihr forsches Auftreten, das zu diesem Zeitpunkt jedoch noch nicht einmal regimekritisch war, war Anlass genug, individuelle Überwachungsakten anzulegen, die fortan vom Geheimdienst und dessen Informanten beständig gepflegt wurden.

Bereits in seinem zweiten Gedichtband *die invasion der uhren* (1977) nimmt sich Wagner ein neues Gedichtmodell vor und erklärt dieses im Nachhinein selbst: »Ich strebte ein direkteres Verhältnis zur Realität an [...]. Im Ergebnis kam ich von der aphoristisch zugespitzten Formulierung des Kurzgedichts auf die Formel des langen Gedichts, das mir erlaubte, die Phänomene in ihrer konkreten Widersprüchlichkeit aufgefächert darzustellen.«[6] Wagner geht in seinem Anliegen drei Jahre später sogar noch einen Schritt weiter. In seinen beiden folgenden Gedichtbänden *Hotel California I* (1980) und *Hotel California II* (1981) findet er zu einer innovativen und für ihn bislang ungewöhnlichen Langform. Die Gedichte thematisieren die Krise des Autors, der in der Intention, die Alltagsbeobachtungen nicht zu kostümieren,[7] die Kollision seiner Ziele mit der Erkenntnis, »dass die Realitätswahrnehmung sprachlich präformiert und vermittelt ist«,[8] erfährt und verarbeiten muss. Oder in den Worten eines weniger verständnisvollen Kritikers: »Richard Wagner notiert in endloser Larmoyanz seine täglichen Befindlichkeiten, aufgemotzt mit einer an Trivialität kaum zu unterbietenden Nachdenklichkeit.«[9]

Die tatsächlich bisweilen langatmigen Texte der Bände *Hotel California I* und *II* stellen sicherlich nicht die kraftvollste Phase in Wagners lyrischer Laufbahn dar, sind aber für seine Entwicklung wesentlich und poetologisch durchaus anspruchsvoll: In ihnen wird etwa der Einfluss der Pop- und Beat-Lyrik spürbar, den Wagners Werk in verschiedener Ausprägung Zeit seines Lebens beibehalten wird. Rolf Dieter Brinkmann, auf den Wagner sich jetzt so explizit bezieht wie zuvor auf Brecht, ist zu dieser Zeit ein wichtiger Impulsgeber und Indikator eines Zeitgeistes, den auch andere rumäniendeutsche Lyriker um Wagner umzusetzen suchten. Der durchaus postmoderne Duktus dieser Gedichte, der den Alltag erkundet, das Subjekt wiederentdeckt und den Augenblick zum lyrischen Ausgangspunkt macht,[10] prägt seine Gedichte von nun an.

Inzwischen ist das Schreiben für Wagner wie für seine Mitstreiter ein existenzieller Kampf gegen die Erfahrung der Diktatur. Die Schriftsteller sind Bespitzelung, Beobachtung und Bedrohung ausgesetzt. Sie werden systematisch verhört und teilweise zur Geheimdienstmitarbeit erpresst. Auch mit der Zensur macht Wagner bereits früh Erfahrungen. Im Jahr 1977 widmet Anemone Latzina, die große rumäniendeutsche Lyrikerin eine halbe Generation vor Wagner, ihm ein Gedicht, in dem es heißt: »Das Gedicht ist ein Gefängnis und wir sind verurteilt – lebenslänglich – seine Wächter zu sein«.[11] Die Zeilen basieren auf den Erfahrungen, die Latzina als Redakteurin der *Neuen Literatur* mit der Zensur macht, als sie in dem Versuch scheitert, einige Gedichte Wagners zu publizieren.

Im Jahr 1984 verliert Wagner nach der Weigerung, eine ideologisch für ihn nicht vertretbare Jubelreportage zum Nationalfeiertag zu verfassen, seine Anstellung als Journalist. Die Schikane durch Staat und Geheimdienst wird existenziell. So stellt Wagner noch im selben Jahr gemeinsam mit Herta Müller, mit der er seit 1979 liiert und inzwischen verheiratet ist, einen Ausreiseantrag. Die Situation der beiden folgenden, unerträglichen Jahre des Wartens auf die Bewilligung des Antrags markiert eine thematische Neuausrichtung im Gedichtwerk, die mit einem stark desperaten Ton einhergeht. Wagner und Müller pflegen bereits Kontakte zu Schriftstellern und Verlegern in der Bundesrepublik. Sie halten sich mit der Hoffnung am Leben, bald ausreisen und im bundesdeutschen Literaturbetrieb Fuß fassen zu können, doch müssen sie täglich um ihre Sicherheit bangen. Umfangreiche Berichte und Notizen belegen in den Securitate-Akten Wagners und Müllers die zahlreichen und teils perfiden Überwachungsmaßnahmen, Besuche und Bespitzelungen des Geheimdienstes. Wagner hat zu diesem Zeitpunkt bereits seit Längerem gesundheitliche Probleme – die nervliche und emotionale Belastung dieses so lange andauernden status quo ist enorm. Viele von ihnen – er selbst eingeschlossen –, so sagt er später, suchten einen Ausweg in Alkohol und Beruhigungstabletten.

Bereits der im Jahr 1983 publizierte fünfte Gedichtband Wagners *Gegenlicht* stellt sich wie ein Kontrapunkt zu den beiden *Hotel California*-Bänden dar: Knappe und gebrochene Fragmente geraten regelrecht zu deren totaler Antiform. Diese Phase der nun einsetzenden letzten Lyrik, die in Rumänien entsteht, greift häufig die Kreisbewegungen des Erzählers um sich selbst auf, die in Irrsinn oder zu Erkenntnis führen – wobei dies bisweilen zusammenfällt. Momente, die von Monotonie, Isolation und Hoffnungslosigkeit zeugen, lassen eine erdrückende Lebensperspektive erkennen, die einzunehmen das Subjekt im Gedicht beinahe nicht bewältigen kann und sich darum fortgesetzt entzieht. Wagner verbannt das lyrische Ich zwar nicht gänzlich aus seinen Texten, lässt jedoch in vielen Gedichten Personalpronomen keinen Raum. Er verlangsamt sein Tempo und pointiert damit Szenen aus dem Banalen und Alltäglichen bis ins Eindringliche.

Im Jahr 1986 wird Wagners Ausreiseantrag stattgegeben. Er publiziert mit *Rostregen* (1986) seinen ersten Gedichtband in einem deutschen Verlag. Ende Februar 1987 kann Wagner gemeinsam mit Herta Müller und deren Mutter in die Bundesrepublik ausreisen. Noch in den letzten Wochen in Rumänien entstand Wagners wohl berühmtestes Gedicht – *Curriculum*. In Rezensionen heißt es, das Gedicht thematisiere »ideologischen Terror«[12] und sei ein Text »über totalitäre Zermürbungsmethoden«.[13] Es entspricht durchaus der öffentlichen, dezidiert politisch engagierten Erwartungshaltung, die den jungen rumäniendeutschen Schriftstellern um Wagner nach deren Ausreise entgegengebracht wird. *Curriculum* erscheint erst im Band *Schwarze Kreide* (1991), wird aber bereits im Frühling 1987 in der Frankfurter Allgemeinen Zeitung erstabgedruckt. Der zuständige Redakteur Marcel Reich-Ranicki schreibt Wagner dazu: »Es ist ein vorzügliches Gedicht, und Sie haben den Preis wahrlich verdient.« Er spielt damit auf den Sonderpreis des Leonce-und-Lena-Preises für das beste politische Gedicht an, der Wagner 1987 für *Curriculum* zugesprochen wird. Das Preisgeld bezeichnet Wagner später als sein Begrüßungsgeld in Deutschland.

Seinen siebten Gedichtband *Schwarze Kreide* publiziert Wagner im Jahr 1991, nachdem er sich ein Jahr als Stipendiat der Villa Massimo in Rom aufgehalten hat und emotional zum ersten Mal in der westdeutschen Realität angekommen ist. Zwei Jahre zuvor hatten er und Herta Müller sich getrennt. Dieser Band, der aus der Rückschau einer der stärksten Wagners ist, bildet mit der transitorischen Zerrissenheit und der Fremdheit des Großstadtflaneurs Topoi ab, die seither auch in seiner Prosa präsent sind. Satzzeichen sind vielerorts gewichen, Zeilensprünge haben sich an ihre Stellen gedrängt, und die Gedichte entfernen sich immer weiter von ihrem Bezugsobjekt, während der Erzähler versucht, den Faden zur Welt nicht zu verlieren. Er wirkt befremdet und schließlich entfremdet, weil es ihm mehr und mehr misslingt, sich auf seine Umgebung zu beziehen und diese in ein harmonisches Verhältnis zu sich zu bringen. Die Gedichte sind eindringlich im wahrsten Sinne des Wortes – sie zeugen von der kaum erträglichen inneren Last eines Erzählers, der plötzlich um Jahre gealtert aus Zeit und Raum gefallen zu sein scheint. Und so tasten auch die Gedichte ihr Terrain mehr ab, als sie es beherrschen. Ein weiteres Mal setzt der so formbewusste Lyriker Wagner seine ästhetischen Mittel frappierend äquivalent zum thematisch vermittelten und atmosphärisch verdichteten Bedeutungskomplex ein. Wagners literarisches Credo ist, »dass es der Text selbst ist, der zur Metapher wird.«[14]

Obgleich Wagner, in Westdeutschland angekommen, in der Lyrik diese frühen, vielversprechenden Erfolge verbuchen kann – im Jahr 1988 erhält er den Förderpreis des Andreas-Gryphius-Preises, im Jahr 1989 gemeinsam mit anderen rumäniendeutschen Schriftstellerkollegen den deutschen Sprachpreis und im Jahr 1990 das Rom-Stipendium der Villa Massimo –, wendet er sich nun stärker dem Genre der Prosa zu, das er umso besser beherrscht, je konziser verdichtet die Texte geraten: Er publiziert zwischen 1992 und 1994 drei Bände mit Kurzprosa und schließt damit das Genre der Kurz- und Kürzestprosa, das er bereits seit seinen lyrischen Anfängen in Rumänien parallel pflegte, ab. Im Jahr 1993 hält Wagner eine Frankfurter Poetik-Vorlesung.

Im selben Jahr folgt der vorerst letzte große Gedichtband Wagners unter dem Titel *Heiße Maroni* (1993). Noch reduzierter, karger und fragmentarischer werden die teils extrem verkürzten Gedichttexte. Doch ist der Band nicht lediglich eine Fortsetzung der früheren Tendenzen, sondern kann auch als Dreh- und Angelpunkt im Werk betrachtet werden. Darin etabliert Wagner zwei ganz wesentliche Narrative, die schon in *Schwarze Kreide* und auch vereinzelt schon in frühen Gedichten aus den 80er Jahren anklingen, die er nun expliziter und systematischer ausformt: den Diskurs des Alleinseins und das Topos der Selbstentfremdung. Unübersehbar ist dabei der radikale Blick des lyrischen Ich auf sich selbst: »ich stehe in/meinem verspiegelten Ich/und rede.«[15] Die Gedichte der Bände *Schwarze Kreide* und *Heiße Maroni* zeugen von einem Zustand innerer Entfremdung und Selbstschau. Dabei ist Selbstentfremdung nicht als unbewusst ablaufende Depersonalisation zu verstehen. Bei Wagner äußert sie sich im Verhältnis des Ich zu sich selbst, das nicht in der Realitätsbeurteilung, sondern schon in der Realitätswahrnehmung einen Schritt von sich weg treten muss, um in der Lage zu bleiben, Aussagen zu machen. Motive des Auges und des Blicks sind im Gedichtband *Heiße Maroni* vorherrschend, *Schwarze Kreide* setzt einen Schwerpunkt auf das Thema der irritierten oder irritierenden Kommunikation.

Der Begriff und das Gefühl von Fremdheit, das in vielen Gedichten nicht nur dieser beiden Bände evoziert und häufig auch benannt wird, setzt in all seinen semantischen Optionen ein Subjekt seiner mit immer größerer Distanz wahrgenommenen Umgebung entgegen. Es repräsentiert in Verbindung mit den Sinnachsen der Bände zugleich eine Form von Wahrnehmung (selbst sehen) und Gesichtsausdruck (gesehen werden). Das Sehen und Erkennen ist im Sinne einer erkenntnistheoretischen Annahme im Kommunizieren inbegriffen und wird in jeder dieser Ausprägungen eingesetzt. Der Diskurs des Alleinseins knüpft hieran unmittelbar an. Während der Erzähler sich in Gedichten mit Sequenzen wie »Ich bin der Alleinlebende, der/Sonntag nachmittags ins Kino geht«[16] oder »Ich wende mich dir zu, steinwarmes Herz«[17] noch selbst ganz direkt dem Alleinsein zuordnet, entlarvt er auch andere in diesem Zustand: »An einem Tisch sitzen/zwei Mädchen. (Wie ein Liebespaar.)/an einem großen Tisch/sitzen zwei Mädchen/allein.«[18] Der Zustand des Alleinseins erscheint bald als eine zwingende Annahme menschlicher Existenz, und er registriert sich selbst als solche.

Die besondere Art der Hinwendung des Erzählsubjekts zu sich selbst in Form des »Du« übernimmt als an die Celan'sche Lyrik erinnernde Dialogizität die Funktion des lyrischen Ich, sobald es nicht ein fiktives Gegenüber, sondern ein Zwiegespräch des Erzählers inszeniert. Es suggeriert bisweilen dort ein Erzählsubjekt, wo sich eigentlich keines zeigen möchte, und nimmt ebenso dem Gefühl des Alleinseins jede Grundlage, indem das Subjekt sich verdoppelt und sich selbst zur eigenen Projektionsfläche, zum eigenen, scheinbar schizophrenen Kommunikationspartner wird. Das Subjekt vergrößert seine eigene Isolation und seinen eigenen Spielraum: Es erweitert sich selbst, doch zugleich gibt es einen Teil seiner selbst auf.

In den folgenden Jahren konzentriert sich Wagner weiter verstärkt auf das Genre der Prosa und publiziert in den Jahren 1995–1998 seine drei sogenannten Berlin-Romane.[19] Als freier Journalist schreibt er bereits jahrelang parallel dazu in deutschsprachigen Zeitungen und macht sich auch fortan mit seinen Essays und Sachbüchern einen Namen als Kenner, Kritiker und Kommentator europäischer Werte, osteuropäischer Geschichte und deren politisch-historischer Zusammenhänge und Wechselwirkungen mit Gesellschaft und Medien.

Es vergehen sieben Jahre, bis Wagners Gedichtband *Mit Madonna in der Stadt* (2000) erscheint. Dieser versucht wiederum eine formale Strenge herzustellen, indem er ausnehmend oft Strophenformen à zwei, drei oder vier Zeilen bildet. Thematisch bietet er regelrecht einen Querschnitt beinahe aller bisherigen Sujets. Wichtig bleiben neben sprachkritischen Gedichten auch die sozusagen expressionistischen in Form der Darstellung des öffentlichen Raumes, seiner Statisten und deren Demontage – wohlgemerkt jedoch nicht des inneren, intimen Raums. Konsum und Kapitalismus, die den Alltag dominieren und schon Teil der Subjekte geworden sind, bilden wichtige Anknüpfungspunkte. Doch Wagner nimmt in diesem Band schon viel mehr das große Ganze in den Blick.

Erneut nach sieben Jahren publiziert Wagner seinen nächsten Gedichtband *Federball* (2007). Bereits vier Jahre zuvor, 2003, wurde bei ihm die Krankheit Parkinson diagnostiziert. In diesem Zeitraum schreibt Wagner mit *Miss Bukarest* (2001), *Habseligkeiten* (2004) und *Das reiche Mädchen* (2007) dennoch seine drei wichtigsten und erfolgreichsten Romane. Der Band *Federball* widmet sich regelrecht einem Spiel mit der Perspektive. Situative Verortungen geraten, sobald sie festgehalten werden, aus den Fugen und kehren sich um. Innen und außen tauschen die Plätze, vor und hinter werden verdreht. »In einem Ei zu reisen/ist einfacher/als man denkt/Man darf nur nicht die Schale/von innen berühren/und sie sich auch nicht von außen vorstellen wollen« heißt es in *Ticket* beinahe programmatisch, ebenso in *Fenster*: »Die Katze/springt/über ihren Schatten/Das Auge der Katze/wandert/über den Schattenrand/Es folgt/jener gedachten Linie/die zu überschreiten/wir uns ein Leben lang/bemühen«. Zwangsläufigkeit und vermeintlich stabile Anordnungen werden hinterfragt und fügen sich zu einem Bild, in dem nichts mehr stimmt. Dieses Bild durchzieht jede Facette eines Lebens – der Platz des Einzelnen in seinem eigenen Leben ist hierin in voller Konsequenz eingeschlossen. Die Leitfrage »An welchem Ort bin ich?« ist dabei nicht nur im tatsächlich räumlichen Sinne zu lesen. Selbst Gedichte wie *Ruhiger Nachmittag* zeugen von dieser Idee: »Die Kinder stellen/Posten auf/Zur Warnung/vor den Erwachsenen/Die sie spielen«.

Mit seinem bislang zuletzt erschienenen Band *Linienflug* (2010) löst sich Wagner vom Thema der perspektivischen Wendung wieder ab und versammelt zahlreiche Gedichte, die bereits den Blick auf die Anfänge zurückgeworfen haben. Diese stimmen einen bilanzierenden Rückblick auf das Leben an und zeichnen Alltagseindrücke in universellerem Tonfall als zuvor auf. Fragmentarische Stadtbilder und die Beobachtung der Lebensvergessenheit der Konsumgesellschaft gewinnen durch die größere Nüchternheit des Tons und der Konstruktion der Gedichte zugleich an poetischer Schärfe wie an Suggestivkraft. Automatismen im Alltag entlarven das Leben nicht selten als fremdbestimmt ablaufendes Programm. Der Autor steht in einiger Gelassenheit neben diesen Bildern und verzichtet formal auf Fügungen und Homogenität – wie eben jenes Leben, das er umschreibt.

In seinen beiden letzten Gedichtbänden *Federball* und *Linienflug* treten ebenso wie in den Gedichten, die bislang unveröffentlicht und in den Jahren 2011 bis 2016 entstanden sind, auch neue Aspekte hervor. Narrativ überraschen Momente des Assoziativen und des Aphoristischen. Zugleich löst sich die thematische Konzentrierung mehr und mehr vom gesellschaftlichen Bezug ab und rückt die Subjektivität der Erzählinstanz in den Mittelpunkt. Das Alleinsein, das losgelöst von der Gegenwart anderer Menschen in den Gedichten als zwangsläufige innere Isolation eines Menschen zu verstehen ist, erlangt eine neue Dimension, wenn das Erzählsubjekt der späten Gedichte in einen inneren Monolog eintritt, wie es für viele späte, in diesem Band erstveröffentlichte Gedichte kennzeichnend ist. Die in die lyrische Personalität eingegangene Erinnerung und Erfahrungswelt werden eindrücklich als subjektkonstituierende Struktur vermittelt. Dabei knüpft die späte Lyrik in vielerlei Hinsicht an die ganz frühe an, zeichnet sich aber durch noch stärkere poetische Effekte am Ende der Texte aus. Sie ist, in ganz ähnlicher Entwicklung zu Wagners aphoristischer werdenden Prosa, dabei im Thema ernsthafter und in der Form durchlässiger geworden. Sie ist aber in erster Linie persönlicher geworden. In dieser neuen Eindringlichkeit hat Wagner zu einer Form gefunden, die seine bislang beste sein könnte.

2012 erkrankt Wagner an Krebs und überlebt die schwere Krankheit nur knapp. Auch nach dieser Zäsur und trotz seiner immer weiter fortschreitenden Parkinsonerkrankung schreibt Wagner kontinuierlich Gedichte – bis heute. Die meisten von ihnen erhalten im vorliegenden Band ihren Erstabdruck. Obgleich Momente der Entfremdung sich nicht mehr oder nicht mehr in der Form der früheren Lyrik finden lassen, sondern das Subjekt diesen durch Passagen klärender Reflexion und Selbstschau in den Weg tritt, sind die neuen Zeilen von einer existenziellen Schwere getragen, die manchmal regelrecht schwer erträglich ist. Wagners späte Gedichte zeichnet eine enorme Innenschau, die als entlarvend und schonungslos bezeichnet werden kann, jedoch nicht darauf gerichtet ist, sich selbst zu quälen oder bloßzustellen: Der Versuch, zu sich selbst vorzudringen, zu einem Kern, der sich selbst trägt und erklärt, offenbart Wagner als Lyriker, der den Kontrollverlust über einen Teil des eigenen Lebens, über den eigenen Körper, vor allem deshalb zu einem guten Teil nicht ertragen kann, weil er sich jedem logischen Verstehen entzieht. »Schreiben ist für mich ein bewusster Vorgang«,[20] sagt Wagner noch im Alter von zwanzig Jahren und setzt das logische, das rationale Denken stets als Grundbedingung seines Schreibens. Heute lässt Wagner den Kontrollverlust zu, er nimmt ihn an – und er macht ihn literarisch produktiv. Seine neuen Gedichte zeugen zum ersten Mal von einem Erzähler, der sich der Herausforderung stellt, nicht mehr über sich verfügen zu können wie zuvor. Wagners Fähigkeit, im Schreibprozess loszulassen, hat in seinen späten Gedichten ein phänomenales poetisches Potential entfacht.

Wagners vorerst letzte Prosa *Herr Parkinson* (2015) nimmt die Auseinandersetzung mit seiner fortschreitenden Parkinsonerkrankung auf, ist jedoch weniger Krankheitsbericht als vielmehr der innere Monolog eines physisch und psychisch derangierten Erzählers, dessen Erkrankung samt ihrer Therapie sein gesamtes Leben umwirft, beansprucht und herausfordert. So hat auch Wagners späte Lyrik ihre erzählerische Seite wiedergefunden und verlegt den Weg des Gedichts ins Innere der Erscheinungen, der Erinnerungen und des Körpers. Mit anderen Gedichten belegt Wagner bis heute anhand expliziter Bezugnahmen seine Verbindung zur Spät- und Postmoderne und der amerikanischen Beatgeneration. So erinnert etwa an das bekannte – und im Übrigen auch von Brinkmann zitierte – Gedicht *This is just to say* (1934) von William Carlos Williams (»I have eaten/the plums/that were in/the icebox/and which/you were probably/saving/for breakfast/forgive me/they were delicious/so sweet/and so cold.«)[21] Wagners 2015 entstandene Gedicht *Nachricht*: »Ich betrachte die Pflaumen/ im Kühlschank/Bis sie sich bewegen«.

In der Gesamtschau der Gedichte Wagners zeigen sich aus heutiger Sicht eine ungeheure Innovationskraft und eine schriftstellerische Wirkmächtigkeit, die gerade vom Widersprüchlichen, Unerwarteten und Angreifbaren lebt. Für seine Lyrik ist der Moment des Assoziativen und des Überraschenden elementar, indem sie immer wieder den Schritt über die Grenzen der literarischen Konvention und der Erwartungshaltung genau dann macht, wenn ein Gedicht droht, gefällig oder harmlos zu sein. Diese Momente von Irritation verleihen Wagners Gedichten ihre Kraft und Prägnanz. Bereits 1973 schreibt Wagners rumäniendeutscher Lyrikerkollege Franz Hodjak in der Rolle des Kritikers sehr treffend: »Wagners Gedichtstrukturen sind äußerst luzide durchkomponiert und lassen deutlich zwei Tendenzen erkennen: einerseits die Neigung zu einer überaus plastischen Vergegenständlichung der lyrischen Substanz und andererseits den Hang zum abstrakteren poetischen Diskurs. Der poetische Diskurs ist immer nüchtern, unterkühlt, mit kargem Wortmaterial aufgebaut, er wird zielbewußt gestartet, verläuft sich dann scheinbar in ganz Belanglosem, um überraschend in eine effektvolle, genau vorausberechnete Schlußpointe einzumünden.«[22] Diese Führung besitzen Wagners Gedichte noch heute. Wagner ist in den späten Gedichten dazu übergegangen, der Schlusspointe sogar noch etwas nachzusetzen.

Plötzlich verliert so auch der Sinn einer Pointierung des Gedichts jeden Effekt. Wenn das eigene Leben scheinbar seine Pointe verloren und zu einem Dauerzustand geworden ist, der jeden Tag aufs Neue verhandelt und desillusioniert, der aber auch überrascht, weitergeht, der schlichtweg ein Zustand völliger Offenheit geworden ist – wie kann ein Dichter seinen eigenen Raum anders aushandeln, als sich, wie Wagner es immer tat und auch in *Herr Parkinson* zum Ausdruck bringt, in diesen einzuschreiben? Wagner sagt dezidiert: »Das Gedicht, eigentlich jede Literatur, man kann es nicht oft genug betonen, ist nicht Kommunikation, sondern Selbstausdruck.«[23] Dass dieser Prozess kein einfacher und erträglicher ist, steht auf einem anderen Blatt: »Die Poesie gibt einem das, was sie einem nimmt. Es scheint so, als ob das Geschriebene aus einem heraus kommt, aber es bleibt bei einem selber.«[24]

Als Richard Wagner im Alter von zwanzig Jahren in einem Zeitungsinterview sagte, »das Lyrikschreiben ist ein vorübergehender Zustand, dem Alter entsprechend und einer nicht genügenden Assimilierung der Umwelt-Vorgänge. Ich sehe meine Chance in der Prosa«[25], konnte der junge Autor nicht ahnen, dass seine lyrische Laufbahn soeben erst begonnen hatte und sich keineswegs mehr erschöpfen würde. Denn trotz seiner Erfolge auch als Erzähler und Essayist stellen Wagners Gedichte ihn heute in besonderem Maße als großen Lyriker heraus. Gerade in diesem Genre kann Wagner all das, was ihn als Dichter und als Intellektuellen ausmacht, bündeln. In der mit dem Erzählerischen verbundenen Verdichtung, in der assoziativ gefügten Aphoristik, im Erkennen des Relevanten als Miniatur – in all diesem zeigt sich gerade in den späten Gedichten Wagners poetische Brillanz. Der ständige Bruch mit Illusionen, mit Automatismen, mit Konventionen und ideologisch entstellter Diktion geht bis heute in Wagners Gedichte ein.

Doch sind seine Gedichte niemals programmatisch-belehrend, niemals herablassend. Sie sind teilweise sogar so selbstvergessen, dass ihre Bedeutung nur schemenhaft erkennbar wird. Gerade dann sind sie in ihrer poetischen Gestalt einzigartig und unverkennbar.

In einer Spanne von bald fünfzig Jahren hat Richard Wagner, der permanenter Grenzgänger und Aggressor im selbst definierten und zugleich gegen sich selbst abgesteckten Raum seiner eigenen Lyrik blieb, ein umfangreiches, vielgestaltiges und kraftvolles lyrisches Werk geschaffen, das mit diesem Band noch keineswegs als abgeschlossen zu betrachten ist. Gleichwohl bleibt von all den Gedichten wohl nur ein kleiner Teil stehen, in denen, wie Wagner es selbst ausdrückt, »alles stimmt«. Es sind – nicht nur, aber auch – die Gedichte, die in diesem Band versammelt sind. Sie bilden Richard Wagners Vermächtnis an die deutsche Literatur.

Christina Rossi

Anmerkungen

1 Richard Wagner: »Lyrik müsste jetzt wieder ein bisschen anders werden.« Gespräch mit Richard Wagner. In: *Echinox*, 11/12 1980.
2 Christina Rossi: Poetologik. Der Schriftsteller Richard Wagner im Gespräch. Klagenfurt 2017.
3 Vgl. Richard Wagner: Mein Brinkmann. In: Gudrun Schulz/Martin Kagel (Hrsg.): Rolf Dieter Brinkmann: Blicke ostwärts – westwärts. Vechta 2000, S. 100 f.
4 Richard Wagner in: Engagement ist Verantwortung. Gespräch mit Richard Wagner. In: *Neue Banater Zeitung* vom 26. November 1972, S. 4.
5 Vorwort von Emmerich Reichrath in Richard Wagner: Klartext. Bukarest 1973, S. 7.
6 Richard Wagner: Direktes Verhältnis zur Realität. In: *Neuer Weg* vom 24. 5. 1977, S. 3.
7 Vgl. Peter Motzan: Rumäniendeutsche Lyrik der 70er bis 90er Jahre. In: Ursula Heukenkamp und Peter Geist (Hrsg.): Deutschsprachige Lyriker des 20. Jahrhunderts, 2006, S. 738.
8 Ebd.
9 Dieter Kessler: Stichworte zur deutschen Lyrik in Rumänien nach 1944. Forschungskolloquium junger Akademiker 1985, Veröffentlichungen des Südostdeutschen Kulturwerks, Reihe E 2, München 1987, S. 100.
10 Dieter Lamping: Moderne Lyrik. Göttingen 2008, S. 132 ff.
11 Anemone Latzina: Gedicht für Richard. In: *Neue Literatur* 1990–1991, Heft 5/6.
12 Inka Bohl: Literarischer März in Darmstadt. *NZZ* 26. 3. 1987.
13 Inka Bohl: Literarischer März 1987. In: *Der Literat*. Frankfurt 4/87.
14 Christina Rossi: Poetologik. Der Schriftsteller Richard Wagner im Gespräch. Klagenfurt 2017.
15 Richard Wagner: Schwarze Kreide. Frankfurt/Main 1991, S. 75.
16 Richard Wagner: *Royal*. In: Heiße Maroni. Stuttgart 1993, S. 62.

17 Richard Wagner: *März in Trastevere*. In: Heiße Maroni. Stuttgart 1993, S. 61.
18 Richard Wagner: *Grolmanstraße*. In: Heiße Maroni. Stuttgart 1993, S. 13.
19 Vgl. Richard Wagner: In der Hand der Frauen (Stuttgart 1995); Lisas geheimes Buch (1996); Im Grunde sind wir alle Sieger (Stuttgart 1999).
20 Richard Wagner: Engagement ist Verantwortung. In: *Neue Banater Zeitung* vom 26. November 1972, S. 4.
21 Rolf Dieter Brinkmann (Hrsg): Silverscreen. Neue amerikanische Lyrik. Köln 1969, S. 26.
22 Franz Hodjak: Gruppenbild mit Wagner. In: *Neue Literatur* 3/1973, S. 89 (mit zwei Auslassungen).
23 Christina Rossi: Poetologik. Der Schriftsteller Richard Wagner im Gespräch. Klagenfurt 2017.
24 Ebd.
25 Richard Wagner: Engagement ist Verantwortung. Gespräch mit Richard Wagner. In: *Neue Banater Zeitung* vom 26. November 1972, S. 4.

Quellenverzeichnis

Titel (Entstehungsjahr): Veröffentlichung (*Quelle* und Jahr)

I. 1972–1983

Der Fischbesprecher (1972): *Klartext* 1973
gerücht (1976): *die invasion der uhren* 1977
der ausgebombte see: *die invasion der uhren* 1977
Versicherung: *Klartext* 1973
Waldvogelgeschichte: *Klartext* 1973
Baugelände: *Klartext* 1973
die geisterbahn: *die invasion der uhren* 1977
die invasion der uhren: *die invasion der uhren* 1977
Heller Mittag: *Hotel California I* 1980
anfrage des dichters: *die invasion der uhren* 1977
zwei junge leute schleppen einen elektroherd (1977): *Hotel California II* 1981
kleine rede vom ersten schnee: *Hotel California II* 1981
brief an einen unter uns lebenden dichter: *Hotel California II* 1981
kleine anfrage ausgehend von einem lichtenbergschen satz (1977): *Hotel California II* 1981
dialektik: *die invasion der uhren* 1977
Die Unterredung (1978): *Rostregen* 1986
zueinanderfinden (1974): *die invasion der uhren* 1977
standpunkt: *die invasion der uhren* 1977
Ferienfoto (1982): *Rostregen* 1986
Vierzeiler: *Echinox* (Zeitschrift) 1980
Ihr Frauen (1982): *Gegenlicht* 1983
Gedicht vom Schädel (1982): *Gegenlicht* 1983
Schnitt (1982): unveröffentlicht
Die Leute sagen (80er Jahre): undatiert und unveröffentlicht
Sommerbild (1982): *Gegenlicht* 1983
Blei (1982): *Rostregen* 1986
Schlaflos (1982): *Gegenlicht* 1983
Sperrstunde. Siebziger Jahre (1982): *Gegenlicht* 1983

II. 1984–1987

Mittag (1983): *Rostregen* 1986
Lichthof (1983): unveröffentlicht
Dem Liedermacher (1983): *Rostregen* 1986
Kieferklemme (1983): *Rostregen* 1986
Seeanemone (1983): *Rostregen* 1986
Lachendes Paar (1986): *Literarischer März: Lyrik unserer Zeit.* Band 5. Hrsg. v. Fritz Deppert, Darmstadt 1987
Das Flugzeug (1985): unveröffentlicht
Gedicht (für dich und auch für mich): *Rostregen* 1986
Momentaufnahme (Mitte der 80er Jahre): undatiert und unveröffentlicht
Die Stille, wenn es dunkel ist: *Rostregen* 1986 [aus dem Zyklus *Der Ort des Baumes*]
Friedhof (1987): *Schwarze Kreide* 1991
Über das Geheimnis meines Zimmers (1978): *Schwarze Kreide* 1991
Akazie (1986): *Literarischer März: Lyrik unserer Zeit.* Band 5. Hrsg. v. Fritz Deppert, Darmstadt 1987
Der Tag ist hell (1985): *Literarischer März: Lyrik unserer Zeit.* Band 5. Hrsg. v. Fritz Deppert, Darmstadt 1987
Ich schaue meinen Körper an: *Rostregen* 1986 [aus dem Zyklus *Der Ort des Baumes*]
In den ländlichen Zonen (Mitte der 80er Jahre): undatiert und unveröffentlicht
Zwischenbericht (Mitte der 80er Jahre): undatiert und unveröffentlicht
Die Zeit des Zimmers (1985/86): *Literarischer März: Lyrik unserer Zeit.* Band 5. Hrsg. v. Fritz Deppert, Darmstadt 1987
Es ist, als wären die Leute aus Holz: *Rostregen* 1986 [aus dem Zyklus *Der Ort des Baumes*]
Ach so (Mitte der 80er Jahre): undatiert und unveröffentlicht
Das ist der Baum: *Rostregen* 1986 [aus dem Zyklus *Der Ort des Baumes*]
Es gibt Tage wie Schlamm: *Rostregen* 1986 [aus dem Zyklus: *Der Ort des Baumes*]
Curriculum (1987): *Schwarze Kreide* 1991

III. 1988–1999

Fragment über den stillen Morgen: *Heiße Maroni* 1993
Die kommenden Bilder (1988): *Schwarze Kreide* 1991
Der vergebliche Rand (1990): *Schwarze Kreide* 1991
Fünf Minuten (Mitte der 80er Jahre): undatiert und unveröffentlicht
Landhühner (1988): *Schwarze Kreide* 1991
Aus dem Stadtbild (80er Jahre): undatiert und unveröffentlicht
Es ist Nacht (1990): *Schwarze Kreide* 1991
Die Worte der Toten (90er Jahre): undatiert und unveröffentlicht
Mit rechten Dingen: *Heiße Maroni* 1993
Traumsache (1990): unveröffentlicht
In dieser Stadt (1990): unveröffentlicht
Das Mädchen mit dem schwarzen Hut (Ende der 80er Jahre): undatiert und unveröffentlicht
Kein Sommer: *Schwarze Kreide* 1991
Am See (1990): unveröffentlicht
Falsch angefangen: *Schwarze Kreide* 1991
Raus (1991): *Einigkeit und aus Ruinen. Eine deutsche Anthologie.* Hrsg. v. Heinz Ludwig Arnold, Frankfurt/Main 1999
Maß: *Schwarze Kreide* 1991
Ganz privates Gedicht: *Schwarze Kreide* 1991
Geteilte Zeit: *Schwarze Kreide* 1991
Orte, jetzt: *Schwarze Kreide* 1991
Die zwei Städte von Genua: *Schwarze Kreide* 1991
In den Jahren: *Heiße Maroni* 1993
Ruhiger Nachmittag (1990): *Federball* 2007
Biographie (1991): unveröffentlicht
Die Bewegungen der fünfziger Jahre: *Schwarze Kreide* 1991
Früher: *Heiße Maroni* 1993

IV. 2000–2009

Ticket: *Federball* 2007
Kreuzfahrt: *Federball* 2007
Brief: *Mit Madonna in der Stadt* 2000
Die Körper (2004): *Federball* 2007
Frühstück: *Mit Madonna in der Stadt* 2000
Leporello: *Mit Madonna in der Stadt* 2000

Tausch: *Federball* 2007
Fenster: *Federball* 2007
Weltweit umsorgt: *Mit Madonna in der Stadt* 2000
Brandstifter: *Federball* 2007
Paris, schon wieder (2003): unveröffentlicht
Gewohnheiten: *Federball* 2007
Wald (2005): unveröffentlicht
Stationen (2007): *Linienflug* 2010
Abschiedsgedicht: *Mit Madonna in der Stadt* 2000
Oktobergedicht: *Federball* 2007
Transaktion (2007): *Linienflug* 2010
Landleben, Erinnerung: *Südostdeutsche Vierteljahresblätter* 3/2002
Melonen (2004): *Federball* 2007
Die Maulbeerbäume (2004): *Federball* 2007
Die Schlafenden: *Mit Madonna in der Stadt* 2000
Nachtmeer: *Südostdeutsche Vierteljahresblätter* 3/2002

V. 2010–2012

Fliegen wollen (nach 2010): undatiert und unveröffentlicht
Detektiv (nach 2010): undatiert und unveröffentlicht
Unter dem Strich: *Linienflug* 2010
Linienflug: *Linienflug* 2010
Als »Eva« Informantin war: *Linienflug* 2010
Wanderung: *Linienflug* 2010
Blitze (nach 2010): undatiert und unveröffentlicht
Unter den Wolken (nach 2010): undatiert und unveröffentlicht
Im letzten Supermarkt: *Linienflug* 2010
Löffel (nach 2010): undatiert und unveröffentlicht
Kochstraße: *Linienflug* 2010
Sommer (2010): unveröffentlicht
Am Automaten: *Linienflug* 2010
Hotel Atemzug: *Rock Lyrik*. Hrsg. v. Thomas Kraft, München 2011
Rufen: *Linienflug* 2010
Der Schnee: *Linienflug* 2010
Kindheit (2010): unveröffentlicht
Schwalbenflug (2010): unveröffentlicht
Das Begrüßungsgedicht (2012): unveröffentlicht

VI. 2013–2016

Gold: *Matrix. Zeitschrift für Literatur und Kunst* 2/2015. Hrsg. von Traian Pop, Ludwigsburg 2015
Exposé (nach 2012): undatiert und unveröffentlicht
Wandermond (2015): unveröffentlicht
Nachricht: undatiert und unveröffentlicht
Mansarde am Meer: *Spiegelungen. Zeitschrift für deutsche Kultur und Geschichte Südosteuropas* 3/2013, München 2013
Zu den Bildern von Barbara Bräuer: *Spiegelungen. Zeitschrift für deutsche Kultur und Geschichte Südosteuropas* 3/2013, München 2013
Gesichter: *Matrix. Zeitschrift für Literatur und Kunst* 2/2015. Hrsg. von Traian Pop, Ludwigsburg 2015
Sofortbild Rom (2015): unveröffentlicht
Abendland (2015): unveröffentlicht
Sonntag (nach 2012): undatiert und unveröffentlicht
Feuer: *Matrix. Zeitschrift für Literatur und Kunst* 2/2015. Hrsg. von Traian Pop, Ludwigsburg 2015
Eine Jacke für Pier Paolo (2016): unveröffentlicht
Weißes Schiff (2016): unveröffentlicht
Schlaf gut (2016): unveröffentlicht
In dieser Nacht (2015): unveröffentlicht
Jedes Jahrhundert (2016): unveröffentlicht
Katharinenhof (nach 2012): undatiert und unveröffentlicht
Tapas (2016): unveröffentlicht

Zitierte Gedichtbände von Richard Wagner:

Klartext. Albatros 1973
Die Invasion der Uhren. Kriterion 1977
Hotel California I. Der Tag, der mit einer Wunde begann. Kriterion 1980
Hotel California II. Kriterion 1981
Gegenlicht. Facla 1983
Rostregen. Luchterhand 1986
Schwarze Kreide. Luchterhand 1991
Heiße Maroni. DVA 1993
Mit Madonna in der Stadt. Allitera 2000
Federball. Unartig 2007
Linienflug. Hochroth 2010

Inhalt

I. 1972–1983

Der Fischbesprecher 7
gerücht 8
der ausgebombte see 9
Versicherung 10
Waldvogelgeschichte 11
Baugelände 12
die geisterbahn 13
die invasion der uhren 15
Heller Mittag 17
anfrage des dichters oder kleine unstimmigkeiten beim ausdenken der ars poetica ... 18
zwei junge leute schleppen einen elektroherd 19
kleine rede vom ersten schnee 21
brief an einen unter uns lebenden dichter .. 23
kleine anfrage ausgehend von einem lichtenbergschen satz 25
dialektik 26
Die Unterredung 27
zueinanderfinden 28
standpunkt 29
Ferienfoto 30
Vierzeiler 31
Ihr Frauen 32
Gedicht vom Schädel 33
Schnitt 34
Die Leute sagen 35
Sommerbild 36
Blei 37

Schlaflos 38
Sperrstunde. Siebziger Jahre 39

II. 1984–1987

Mittag. 43
Lichthof. 44
Dem Liedermacher 45
Kieferklemme 46
Seeanemone 47
Lachendes Paar 48
Das Flugzeug. 49
Gedicht (für dich und auch für mich). 50
Momentaufnahme. 51
Die Stille, wenn es dunkel ist 52
Friedhof 53
Über das Geheimnis meines Zimmers 54
Akazie 55
Der Tag ist hell. 56
Ich schaue meinen Körper an 57
In den ländlichen Zonen 58
Zwischenbericht. 59
Die Zeit des Zimmers 60
Es ist 61
Ach so. 62
Das ist der Baum 63
Es gibt Tage wie Schlamm 64
Curriculum. 66

III. 1988–1999

Fragment über den stillen Morgen 69
Die kommenden Bilder. 70
Der vergebliche Rand 71

Fünf Minuten 72
Landhühner 73
Aus dem Stadtbild 74
Es ist Nacht 75
Die Worte der Toten 76
Mit rechten Dingen 78
Traumsache 79
In dieser Stadt 80
Das Mädchen mit dem schwarzen Hut 81
Kein Sommer 82
Am See 83
Falsch angefangen 84
Raus 85
Maß 86
Ganz privates Gedicht 87
Geteilte Zeit 88
Orte, jetzt 89
Die zwei Städte von Genua 90
In den Jahren 91
Ruhiger Nachmittag 92
Biographie 93
Die Bewegungen der fünfziger Jahre 94
Früher 95

IV. 2000–2009

Ticket 99
Kreuzfahrt 100
Brief 101
Die Körper 102
Frühstück 103
Leporello 104
Tausch 105
Fenster 106
Weltweit umsorgt 107

Brandstifter. 108
Paris, schon wieder 109
Gewohnheiten 110
Wald 111
Stationen 112
Abschiedsgedicht 113
Oktobergedicht 114
Transaktion 115
Landleben, Erinnerung 116
Melonen 117
Die Maulbeerbäume 119
Die Schlafenden 119
Nachtmeer 120

V. 2010–2012

Fliegen wollen 123
Detektiv 124
Unter dem Strich 125
Linienflug 126
Als »Eva« Informantin war 127
Wanderung 129
Blitze 130
Unter den Wolken 131
Im letzten Supermarkt 132
Löffel 133
Kochstraße 134
Sommer 135
Am Automaten 136
Hotel Atemzug 137
Rufen 139
Der Schnee 141
Kindheit 142
Schwalbenflug 144
Das Begrüßungsgedicht 145

VI. 2013–2016

Gold.	149
Exposé	150
Wandermond	151
Nachricht.	152
Mansarde am Meer	153
Zu den Bildern von Barbara Bräuer	155
Gesichter.	157
Sofortbild Rom	159
Abendland.	162
Sonntag.	163
Feuer	164
Eine Jacke für Pier Paolo	165
Weißes Schiff.	167
Schlaf gut.	169
In dieser Nacht.	172
Jedes Jahrhundert	173
Katharinenhof.	175
Tapas	176

Christina Rossi: »Die Poesie gibt einem
 das, was sie einem nimmt.« Zur Lyrik
 Richard Wagners 181
Anmerkungen 197
Quellenverzeichnis 199
Inhalt 204